박도영

발길에 닿은 인연

박도영 지음

圖書出版 修書院

이 도서의 국립중앙도서관 출판시 도서목록(CIP)은 서지정보유통지원시스템 홈페이지(http://seoji.nl.go.kr)와 국가자료공동목록시스템(http://www.nl.go.kr/kolisnet)에서 이용하실 수 있습니다(CIP제어번호 : 2014005261).

고희 기념 문집을 내며

인생의 나이에 가속도가 붙는 선상에 서고 보니 만감이 서립니다.

머물지 않는 세월은 저의 인생길에 고희古稀라는 이정표를 세워주는군요. 예전에는 칠십이라는 나이가 아득히 먼 줄 알았습니다. 생각해보니 이 시점까지 온 저의 생에서 부족하고 어설펐던 부분이 많았기에 그저 부끄러울 뿐입니다.

그러나 요즘 들어 명상과 성찰의 시간을 자주 갖게 되니, 나이는 결코 그저 먹는 게 아니라는 생각 또한 듭니다. 어린이에게도 배울 점이 있다는 말처럼 낮은 자세로 앎을 추구하며, 주변의 모든 분들을 사랑으로 보듬어 주리라는 결심이 또 다른 인생 목표로 떠오릅니다.

네 번째 수필집을 상재하며 '고희기념문집'이란 제목을 붙이자니 멋쩍기도 합니다. 이번 문집에는 나들이 걸음 속에 쌓인 추억을 중심으로 쓴 글들이 여러 편입니다. 인생의 궤도에서 만난 모든 인연들과의 관계는 어쩌면 길 위에서 이루어졌다고 해도 과언이 아닙니다. 길의 범위는 광대무변하여 헤아릴 수가 없지요.

사람이 밟을 수 있는 뱃길, 하늘길, 철길하며 심지어 인생과 삶 자체도 길에 비유하곤 합니다. 가족이란 필연必然의 관계뿐 아니라 우연히 만난 인연일지라도 나의 인생에 소중한 추억으로 자리하기에 책의 제목을 『발길에 닿은 인연』이라 붙여보았습니다. 만남의 의미를 생각하며, 여생에서 소중한 삶의 철학으로 삼을 부분이라면 타인을 배려하고 존중하며 칭찬하는 마음이 아닐까 싶습니다.

어디에서건, 무슨 일에든 행위의 주체가 사람이기에 저는 인간 중심의 글을 쓰고자 노력하는 편입니다. 그간 많은 사랑을 주시고 이끌어주신 문단의 큰 스승님들께도 감사의 인사를 올립니다.

또한 제 삶의 범주에 계신 가족·동창·문우들 모두 소중합니다. 그러기에 칭찬하고 싶은 분들에겐 칭찬의 글로 저의 마음을 전하고자 했습니다.

헤르만 헤세는 그의 시에서 '인생에서 주어진 의무는 다른 아무것도 없다네/그저 행복하라는 한 가지 의무뿐/우리는 행복하기 위해 세상에 왔지' 라고 읊었지요.

앞으로 남은 생애에서도 여러분과 소통하며 행복하게 지낼 수 있기를 희망합니다.

오늘 이 자리를 빛내주신 여러 선생님들께 감사의 인사를 올립니다. 그리고 칠순기념잔치를 마련해준 자녀들에게도 어미의 깊은 사랑을 전합니다.

앞으로 좀 더 겸손하게 살기를 다짐하는 의미에서 시조 한 수로 약속을 합니다.

칠순을 맞은 해에 내 기도 분명하다
백수白壽시대 도래到來하여 기쁘다고 날뛰며
호기豪氣를 부리지 않는 노인네로 사는 것.

2014년 2월 27일

박 도 영

목　　차

제2부 녹음의 낭만

제3부 단풍의 추억

제4부 순백의 향기

『여성조선』 수상작

제1부 꽃길의 향연

강진과 다산, 그리고 동백꽃

지구의 온난화 현상인가! 2월 하순쯤이라도 가끔씩 한기를 느낄 만한 꽃샘추위가 있기 마련인데, 몸에 와 닿는 바람의 입김은 포근하기조차 하다. 봄 햇살이 번져 화사한 초록들판은 일찌감치 봄의 전령사가 다녀간 것 같다.

강진과 연관된 사연이라면 '다산의 유배지' 정도의 간략한 역사적 배경만이 내 지식의 전부였다. 목적지가 가까워질수록 후각만으로도 상상의 나래가 펼쳐지는 갯내가 은은히 풍겨온다. 청춘기를 지날 때까지 바다와 접하며 살아온 내 생의 전반부에서 해조 냄새를 어찌 빼버릴 수 있으랴.

물을 끼고 있는 곳은 항시 사연도 많은 법, 강진도 예사롭지 않은 고장임이 피부로 느껴진다. 귀에 익은 노랫말, '월출산에 해 뜨거든 날 불러주오' 라는 가사가 들리는 듯한 착각에 월출산의 위용이 잠시 눈길을 뺏는다. 산 앞쪽으로 넓게 펼쳐진 평야 끝, 구강포 갯벌과 맞닿는 자연 환경 덕에 이곳은 많은 해산물이 생산된다고 한다. 그 풍족함은 강진의 인심과도 직결된다.

강진 땅을 밟은 어느 시인 묵객들도 한 번씩 들른다는 어느 한정식 집에서의 점심상은 시쳇말로 육·해·공군이 모두 상 위에 나열되었다. 예부터 '부엌에서 인심난다' 는 말을 증명하듯 상다리가 부러질 정도로 반찬 가짓수가 많다. 일행 모두 이곳의 인심을 칭찬하며 상위를 오가는 눈길과 손길이 바쁘다.

강진에는 일찍이 도자陶磁 생산이 활발하여 청자青磁 문화를 꽃피웠고, 하멜 일행 30여 명이 머물렀던 곳이기도 하다. 그들 후손 중에는 지금까지 뿌리를 내린 이도 있다고 한다. 구강포의 잔물결을 바라보며 10여 분 달리다 귤동 마을에 이른다. 본래는 만덕산 자락에 다산초당이 있어 산을 올라야 하지만 500m 거리의 '다산기념관'을 세우면서 난 길을 통하여 초당으로 갈 수 있는 쉬운 여정旅程을 만들어 놓았다.

다산이 강진과 연을 맺은 것은 1801년, 이른바 신유박해 때문이었다. 그는 영조 38년(1762), 진주목사를 지낸 정재원의 넷째 아들로 경기도 광주 마현에서 태어났다. 28세 되던 해 문과에 급제하여 예문관검열, 병조참지, 형조참의 등을 지냈다. 유교적 전통만을 고수하던 시대에 외세 문화를 받아들이는 사람은 이단자로 취급되었고, 천주교 신자들은 박해를 받을 수밖에 없었다. 형 약종은 사형, 중형 약전은 흑산도, 자신은 강진으로 유배되었다. 유배지에서 마땅히 거처할 만한 곳을 찾지 못한 다산은 강진읍 동문 밖 주막 노파의 도움으로 방을 얻어 기거했다고 한다. 그 뒤 고성사의 보은산방이며 제자 이학래의 집 등에서 세월을 보냈다.

1808년 봄, 드디어 지인들의 도움으로 '다산초당'을 지어 거처를 옮기고, 10여 년간 제자들을 가르치며 저술 활동을 했다. 다산의 위대한 업적 대부분이 이곳에서 이루어졌으며 『목민심서』 『경세유표』 『흠흠신서』 등 500여 권에 달하는 조선조 후기실학을 집대성한 곳이기도 하다. 만덕산 기슭에서 강진만을 굽어보며 저술했던 책들은 유배지에서 겪은 고난의 산물이 아니었을까.

다산 초당에 걸린 '寶丁山房' 은 이름 그대로 '다산을 보배롭게 모시는 산방' 이란 뜻으로 추사 김정희의 글씨며 '茶山草堂' 현판은 김정희의 글씨를 여기저기서 모아놓은 집자 현판이다. 이 초당은 노후로 붕괴한 것을 1957년 '다산유족보존회' 가 복원해 놓았다. 다산이 기거했던 동암東菴, 제자들의 유숙처였던 서암西菴, 구강포가 내려다보이는 곳에는 선생이 먼 바다를 바라보며 억울함과 시름을 달랬던 '천일각' 정자가 있다. 실학의 대가로 후대에도 그 이름이 회자되긴 하지만 그 당시 다산의 인간적인 고독이 얼마나 컸을까 생각하니 왠지 마음이 쓸쓸했다. 예나 지금이나 사람 사는 모습이나 감정이 다를 리는 없을 터, 사랑하는 가족과 떨어져 유배지에서 보낸 세월의 아픔이 오죽이나 컸을까!

두 아들에게 보낸 편지에도 '내가 벼슬살이를 못하여 밭뙈기 얼마만큼도 너희들에게 물려주지 못했으니 근勤과 검儉 두 글자를 정신적 부적으로 마음에 지니어 가난을 벗어날 수 있도록 너희에게 물려주겠다.' 라고 썼다. 자식을 사랑하는 일상의 아버지들 고뇌가 잘 나타난 구절이다.

다산의 체취가 묻어나는 뜰을 거닐며 그가 사색하던 장소에 서보니 인생의 무상에 만감이 서린다. 초당을 벗어나 만덕산을 향하며 839년(신라 문성왕 1년)에 무염대사가 창건했다는 백련사로 오른다. 고려 중기 1211년(희종 7년) 원묘국사 요세가 백련결사의 터전으로 중창하면서 백련사는 크게 이름을 떨쳤다. 백련사에서는 8명의 대사를 배출하였고, 여덟 번째 혜장선사가 정약용과 교우했던 기록이 남았다고 한다. 사찰 앞에는 수령 250년 넘은 배롱나무를 비롯하여 비자, 후박, 푸조나무와 함께 장관을 이루는 것은 동백나무 숲이다.

천연기념물 151호로 지정된 동백 숲은 1.3ha에 약 1,500그루가 자란다. 나무 높이가 7m에 달하며, 밑에서 가지가 갈라져 관목이 된 나무가 많았다. 나무를 자른 밑둥에는 한 나무에 서너 명이 앉을 수 있도록 자리를 만들어 놓은 것을 보면 동백나무 둘레가 얼마나 큰지 짐작이 간다. 개화기라 그런지 만덕산은 온통 핏빛이었다.

억겁의 세월을 지키고 선 나무 사이로 사찰을 향하는 오솔길 양편에는 다산의 삶과 애환이 서린 소나무가 도열해 있고 그 사이로 낙화한 동백꽃이 붉은 카펫을 깔아놓은 듯 수북하다. 생에 미련이 남아 꽃대에서 떨어지지 못하고 말라붙은 여느 꽃들처럼 추한 모습이 아니다. 어쩌면 그리도 깨끗하게, 목이 딱 부러져 생을 마치는지!

꽃잎을 주워보니 온기가 느껴질 정도로 싱싱하다. 나의 삶도 그렇게 고결하게 살다가 미련 없는 생을 마쳤으면 하는 기원마저 들었다.

산기슭 곳곳에 자라고 있는 차(茶)나무에서도 다산의 손길이 느껴진다. 정한 물로 차를 끓이고 마시는 과정을 보면 나 같은 범인凡人이 근접할 세계가 아닌, 이상세계처럼 느껴진다. 그야말로 선禪의 경지에 닿은 사람들의 의식 같아 보인다.

긴 유배 생활에서 정신적 위안을 차에서 찾고 계발하여 하나의 문화로 계승 발전시킨 업적이 얼마나 크며 다행이었나 하는 생각이 들었다.

초의선사를 제자 삼아 가르친 다산의 차 문화(茶文化)는 지금도 예절의 효시로 삼을 만큼 후세에 전해진다. 언젠가 나 이곳에 다시 오리라. 처음 방문했던 때의 서글픔이 사라진 그때는 아마도 밝은 얼굴로 동백꽃을 맞을 수 있으리라.

강진 기행

2월말 꽃샘추위 슬며시 물러나고
새 생명 돋아나며 이른 봄 맞을 채비
구강포 개펄 갯내음 햇살 따라 번진다.

도자기 청자 문화 꽃피던 강진 땅은
다산이 유배된 곳 스산한 귤동 마을
위대한 실학의 대가 그 이름이 그립다.

겹겹이 쌓인 동백 피보다 더 진한 빛
쓸쓸한 마음으로 돌아본 다산 초당
정약용 다茶 문화 계승 오늘날에 더욱 빛나.

소중한 선물

한 지인으로부터 소중한 선물을 받았다.

몇 십 년 전 우리 조상의 생활 용기用器였던 막사발 석 점이다. 선물을 받는 순간 손으로 전해지는 잔잔한 기쁨이 온몸으로 번진다. 흙으로 빚은 구리 빛 그릇의 무게가 감지되는 순간 이 땅에서 살았던 조상의 숭고한 혼이 깃든 것 같아 손길조차 떨려왔다. 손으로 빚었기에 모양도 자로 잰 듯 반듯하지 않고 평평한 곳에 놓고 보면 높이가 들쑥날쑥, 그릇 안쪽에는 굽는 과정에서 생긴 모래가 엉겨 붙어 거친 모양새가 여간 정겹지 않다.

우리나라 전통 문화의 유산 중에는 도자기가 차지하는 비중이 단연 크고 청자·백자·분청사기 등 한국을 대표하는 작품들이 많다. 뛰어나게 좋은 작품은 전시용으로 제 구실을 하지만, 실생활에 사용했던 질그릇은 우리의 어머니, 그 어머니의 어머니 손에서 대물려 사용했기에 더욱 친숙하다.

그릇 윗부분을 마감한 둥근 선도 컴퍼스로 그린 듯 일정하지 않고 어중되어 선이 밋밋하게 흐른 부분이 있는가 하면 또는 급하게 굽어진 모양이 무척 해학적이다.

서민의 실생활에 두루 사용한 질그릇은 삶의 애환이 서려있어 애틋하면서도 우리의 정서가 배어 사랑스럽기조차 하다. 아무런 기교도 부리지 않고 슬쩍 그은 몸체의 사선은 가느다란 나뭇가지나 손톱으로 그은 자국 같지만, 그릇 자체의 투박한 느낌은 그 사선으로 말미암아 날렵한 모양새로 바뀌어버린다. 질그릇에는 미세한 구멍이 있어 숨을 쉰다.

예전에도 길이가 50cm쯤 되는 원통형 항아리를 예의 그 지인으로부터 얻어 쌀독으로 쓰고 있다. 그런데 날씨가 아무리 더워도 벌레가 생기기는커녕 물조차 수돗물을 받아 놓으면 정화되어 오랜 시일이 지나도록 변하지 않는다.

요즘은 우리를 유혹하는 상품이 도처에 넘쳐난다. 대형 백화점이나 상품 전문 매장에는 세계 여러 곳에서 수입한 명품 물건들을 진열하여 소비자로 하여금 구매욕을 불러일으킨다. 젊은 시절에는 그런 물건에 현혹되어 군침을 삼킬 때도 있었다.

세월이 흐르며 나도 이제 철이 들었는지 우리의 전통문화에 심취하게 되고, 소품 하나라도 현대적인 것보다는 옛 물건에 관심이 간다. 생각해 보면 지나온 세월 동안 모든 면에 걸쳐 낭비한 시간이 많았다는 사실 앞에 나는 심한 박탈감과 허탈감을 맛볼 때가 있다.

내가 명동거리를 거닐며 하릴없이 시간을 보낼 때, 지인은 독서와 항아리 수집에 온 힘을 기울였다. 전통을 중시하는 그녀의 애국심에 대한 발로였는지도 모르겠다. 장독·맷돌·질그릇 등 그녀 집에 진열한 정겨운 옛 물건들은 하나같이 돈으로 쉽게 구입할 수 있는 물건이 아니라 발품을 판 노력의 결과물이다.

오랜 세월 전부터 그녀와 나는 탈脫서울을 꿈꾸었고, 어느 정도 집안사정이 비슷하게 맞아떨어지면 이행하자는 묵계를 하고 있던 터였다. 그런데 늘 분주하게 움직이는 내게서 그럴 희망이 보이지 않았던지 그녀 혼자 과감히 실행하고 말았다. 약간의 배신감을 느끼며 내가 강화도를 찾았을 때 그녀는 "집 앞의 넓은 벌판이 다 자기 정원이라며 자기보다 부자인 사람이 있으면 나와 보라" 고도 했다.

현관문에 이르는 풀밭정원 양쪽으로 아파트 실내에 쌓아두었던 옛 물건들이 하나의 예술작품으로 승화하여 당당히 제 빛을 발하고 있었다.

앞마당엔 절구통이며 큰 항아리들이 적재적소에 놓여 집의 풍광을 더욱 돋보이게 하고, 마루의 작은 오지단지에는 갓 꺾어온 진달래가 한 아름 꽂혔다. 항아리 덮개는 수반용도로 쓰여 돌과 이끼, 거북이 몇 마리 어울려 놀며 자신의 집을 예술적 정취에 흠뻑 젖게 한다.

"마지막 정착지로 택한 이곳에 와보니 고향을 등진 탕자가 본향에 비로소 안착한 것 같은 마음" 이라며 친구는 흡족해 했다. 하루가 다르게 생명의 기운을 느끼는 이 계절, 친구도 봄 모습처럼 건강하고 활기차게 지내기를 염원한다.

나도 언제쯤 서울을 벗어나 지천으로 돋아난 쑥 무리에 퍼질고 앉아 마음껏 쑥을 캐보려나!

선물 석 점 중 작은 오지그릇에 밥을 담아달라는 손자의 말이 얼마나 반갑던지. 아직 철이 덜든 초등학교아이에 불과하지만 반질거리는 흰색 현대 자기瓷器를 마다하고 오지그릇을 택하는 녀석의 몸속에는 분명 민족의 정기精氣가 넘치는 한국인의 유전자가 흐르는 증거 같아 마음이 뿌듯하다.

내 마음을 평안하게 다스려주는 선물을 해준 지인이 참 고맙다. 나는 그녀에게 무엇으로 보답을 해야 할지 망설여진다.

탈 서울을 꿈꾸며

도시의 번잡함에 낙향한 다정한 벗
가을에 보내오는 황금빛 호박덩이
내 소망 이뤄질 날이 그 언제나 오려나

강화도 산마을에 둥지 튼 글벗 친구
봄이면 진달래와 산수유 향기 말고
괴목장 질그릇 소반 살림살이 정겹다

마지막 정착지로 택한 곳 만족하며
독서와 산책으로 정신을 살찌우고
마음에 평화를 찾은 그 친구가 부럽다.

자연적인 삶을 지향하며

새벽녘 집 뒷산 아카시아 숲길을 걷는다.

하루의 시작을 산행으로 정하고 걷다보니 이제 내 생활에서 빼놓을 수 없는 행복한 시간 중 한 부분이 되었다. 무성한 나뭇잎으로 터널을 이룬 오솔길을 걸으면 싱그러운 풀냄새에 실려 온 공기가 나의 몸 혈관으로 번져 초록빛 산소로 채워진 느낌이다. 새벽부터 잠을 깬 나비와 벌들의 날갯짓하며 새들의 합창 등 자연 속에서 숨 쉬는 모든 종種의 존재 이유가 분명한 그들만의 움직임이 경이롭게 느껴진다.

개미 한 마리라도 밟을까봐 조심스럽다. 또한 지천으로 돋아난 들풀과 꽃들에조차 애정 어린 눈길이 간다. 아마도 진정한 삶의 의미가 무엇인지 알 것 같은 연륜에서 생명존엄에 대한 배려인지도 모르겠다. 타인에게 부담스런 존재가 되지 않기 위한 성찰의 이 시간, 모든 것에 관용을 베풀고 싶어지는 마음이다.

지구상에 살고 있는 어떤 생명체도 생사의 법칙을 순리대로 받아들인다. 그러나 신의 창조물 중에서 인간은 타인과의 관계에서나 질서까지도 배반하고 자연에 역행하는 일을 다반사로 저지른다.

인간의 유전자 염기서열 규명작업이 끝난 지금, 과학의 발달은 신의 영역까지도 넘보는 시대로 왔다. 인간의 수명을 연장하는 생명과학이라느니, 각종 난치병 정복으로 인류 미래의 행복을 약속하는 장밋빛 축복이라며 연일 대서특필하지만 과연 그럴까? 지구상엔 기하급수적으로 불어나는 노령 인구들로 인하여 일하는 사람보다 연금수혜자가 많아질 것이다. 이런 모순적인 사회구조가 되면 젊은이와 고령자 사이의 세대 간 투쟁도 일어날 것임은 불을 보듯 뻔하다.

삶의 많은 경험을 소유한 노인들이 존경보다는 혐오의 대상이 되지 않으리라는 보장이 어디 있겠는가! 산속을 걷다 보면 잡다한 세속의 걱정은 어느새 정화되어 천사 같이 순수했던 유년시절로 돌아간다.

한국동란이 끝났다고는 하지만 잿빛 분쟁이 도처에 남아 상처를 드러내놓은 달동네 모습은 우울하고 침체된 분위기였다. 가파른 언덕에 게딱지처럼 붙어 늘어선 지붕들, 가난의 더께가 쌓인 삶의 모습은 누추했을지라도 정으로 얽힌 이웃들의 온기를 느낄 수 있던 때였다. 당장 입에 풀칠이라도 하여 먹고살아야 한다는 그 하나의 명제만이 존재이유였어도 정의가 있던 그 시절에는 절망을 느낄 틈이 없었다.

그때 가족의 생계를 떠안은 어머니는 '철의 여인'이었다. 시멘트 포대를 뜯어 그 종이로 봉투를 만들어 어디엔가 갖다 주는 날품 일을 하셨다. 몇 겹으로 된 포대를 뜯노라면 회색분진이 온 몸에 덮여

비참한 몰골이 되곤 했다. 석회의 독성으로 굳은살이 배긴 어머니의 손바닥은 손금마다 골이 패이기 일쑤였다. 어렴풋한 기억 속에 우리 자매들 또한 그런 모습으로 어머니를 도왔던 일은 슬픈 전설이 되어 나의 뇌리를 떠나지 않는다. 석회가루를 그렇게도 마셨건만 내 몸속이 돌덩이처럼 굳기는커녕 아직까지 건강한 심장과 허파를 지닌 것은 아마도 그 시절의 오염되지 않은 공기 덕분이 아니었다싶다. 악동들과 놀다 다쳐 머리통이 깨지기라도 하면 된장 한 덩이 갖다 붙였고, 발목이 삐어 부어오르면 치자 물로 반죽한 밀가루 떡을 붙이면 신통하게도 부기가 가라앉던 시절이었다.

과학은 존재하지도 않았고 '과학'이라는 어휘조차 몰랐다. 이치에 맞지 않는 민간요법이긴 했지만 타인의 아픔조차 제 몫으로 삭이려는 이웃 간의 사랑은 지금 생각해도 '가난의 미학' 그 자체였다. 떠오르는 태양을 희망의 상징으로 삼았던 시절, 초가지붕 위로 황금빛 오후가 익어가던 곳, 빛이 넘실대던 우물가를 걸어보고도 싶다.

어떤 문제의 아픔이건 자연과 화합하면 치유가 되곤 했다.

우리는 지금 상상을 초월하는 편리함 속에 살고 있지만 오염된 공기하며 사상조차 편견으로 가득 차 각자의 틀 속에서 나 홀로 세상이 되어가는 현실이다. 컴퓨터와 스마트폰이라는 문명의 이기로 세계 곳곳의 정보를 가만히 앉아서 교환하는 지금, 세기말쯤엔 사람이 그리워지는 세상이 올 지도 모를 일이다.

물질적 포만감이 정신적 행복을 결코 대신할 수 없듯, 과거보다 현재의 처지가 나아졌다고 하여 행복의 본질까지 바뀌지는 않을 것이다. 아직까지도 꿈속에 보이는 집은 어릴 적 초가이고 보면 나의 혼을 붙들어주는 원초적 행복은 유년시절에 이미 형성되었나보다.

자연에 젖어 걷다보면 우주의 신비와 자연 질서에서 느끼는 감동이 너무 커 한없이 작아지는 나를 본다. 인간도 자연법칙에서 예외적 존재가 아닐 진데, 각자 욕심내지 않고 생의 길이대로 순응하는 모습은 승화된 인간만이 누릴 수 있는 안식이 아니겠는가! 올더스 헉슬리의 이상향 소설 『멋진 신세계』에 나오는, 먹으면 행복해지는 알약을 준다 해도 나는 사양하리라. 과학의 힘을 빌어 인위적으로 얻는 가치보다는 새벽마다 자연과 더불어 느끼는 아날로그적 행복에 취할 것이다. 단지 오래살기 위한 그 목적만으로 과학의 힘을 빌리고 싶은 생각은 추호도 없다. 누가 내게 젊음을 준다 해도 나는 반납하리라. 그 길만이 우리가 가야할 정도正道이며 순리이기에.

순천만의 추억

봄을 시샘하는 바람이 무척 싸늘하다.

바람은 내 마음의 심연에 잠긴 서정을 일깨운다. 광활한 갯벌과 바람에 흔들리는 갈대를 언젠가 영상으로 본 후부터 순천만은 한 번쯤 가보리라 늘 그리던 곳이다. 그곳은 마치 못다 푼 숙제처럼 미지의 행선지로 남아있어 동경의 대상이었는데 한 지인의 갑작스런 호출로 동행인이 되었다. 남도로 향한 지 네 시간 만에 도착한 순천(順天)은 글자그대로 하늘의 이치를 따른다는 뜻인가, 밥상머리에서도 드러나는 인정이 순한 곳임을 느끼게 한다.

순천만에 도착하자 바람은 갈대밭에 선 우리를 사정없이 밀어낸다. 바스러질 것 같은 갈대의 군락도 바람결에 파장을 일으키며 몸을 자연에 내맡긴다. 일몰시간을 기다리며 우리는 갈대밭 일대를 걷는다. 지난겨울 벌판의 혹독한 한기 속에서도 제 몸 하나 꼿꼿이 보존할 수 있음은 수많은 무리와 화합하여 서있기 때문이리라.

하찮은 갈대에서도 삶의 이치를 깨닫는다. 휘청대는 갈대의 몸짓이 장관을 이룬다. 생명력이 느껴지는 대자연의 장엄한 서사시!

시야 가득 펼쳐진 갈대숲 머리 위로 저무는 해의 신비스런 빛은

매순간마다 자연의 색상을 변화시킨다. 하얀 물감을 뿌려놓은 듯한 갈대의 윗부분을 시작으로 중간은 베이지색, 아래는 갈색으로 조화를 이룬 광활한 평원은 순천만이 아니고서는 결코 존재할 수 없는 색의 신비 그 자체였다.

순천만은 소음 속 도시에서 탈출하고 싶은 사람들에게 마음의 휴식과 지친 영혼을 받아주는 곳이기도 하다. 물질에 대한 욕망을 위해 치닫는 현대인의 행위가 이곳 순천만에서는 한낱 의미 없는 삶의 유희에 지나지 않음을 느낀다. 갯벌 위에 설치한 1.2km 탐방로를 걷다가 갯벌에 내려 서본다. 숭숭 뚫린 구멍마다 농게, 칠게, 갈게 등이 머리를 내밀었다 사라지곤 한다.

고흥반도와 여수반도 사이에 있는 만灣, 밀물 때는 바닷물이, 썰물 때는 민물이 드는 천혜의 자연 조건은 생명체의 집합 처다. 여름 갯벌체험, 겨울 철새탐사 등 계절 따라 볼거리 느낄 거리가 많고 아이들의 자연공부에 큰 도움이 되리라싶다.

세계적인 '습지보호구역'으로 갯벌은 약 800만평, 갈대밭은 30만평이라니 상상을 초월하는 면적이다. 갈대를 베어낸 부분마다 그루터기에는 녹색 여린 줄기가 빼곡히 올라오며 살아 있음을 증명한다. 뻘 속에는 수많은 생명들을 품은 증거라도 보이듯 꿈틀대는 유기체의 움직임이 발밑으로 전해진다. 어떤 이물질도 끼지 않은, 순수만이 존재하는 곳이기에 자연의 소리도 더욱 깊게 느껴지나 보다.

서산마루에 걸린 해가 어느덧 뉘엿거린다. 석양에 물든 일몰 주위는 황금빛 비단자락을 길게 드리우듯 빛의 잔치를 벌이려 한다. 우리는 그 순간을 놓칠 새라 보트를 탄다. 사실 갈대와 갯벌도 여기까지 오게 한 원인이었지만 순천만의 낙조도 익히 들었던 터였다. 시시각각 빛의 농도가 달라지는 낙조는 전문 사진 기사들에게 더 할 수 없는 호재好材다. 사진 기술 공부를 하는 지인의 손놀림이 빨라지기 시작한다. 좋은 작품 한 점을 얻기 위해 카메라 앵글을 맞추고 연신 셔트를 누른다.

'갈매기호' 선장 K씨는 입담도 구수하다. 순천만에 대한 사랑이 대단한 분이다. 핸들 조작에 따라 산등성에 걸린 해의 모습을 사라지게도, 나타내게도 하며 보트를 이리저리 몰아가는 솜씨가 신기神技에 가깝다.

배를 타고 멀리서 바라보는 갈대숲은 눈부신 햇살과 우리의 눈을 한 꺼풀 차단시켜 동그란 해의 모습만이 또렷하게 볼 수 있는 광경을 연출시킨다. 서녘하늘은 온통 이글거리고, 나의 삶도 지는 모습이 아름다웠으면 좋겠다는 생각이 일순 든다.

모든 것은 소멸되는 것을… 빛의 잔영조차 드디어 사라지고 난 후 몰려온 적막이 반갑다. 이런 자연조건에 적막이 없다면 오히려 이상하리라는 생각마저 든다.

선장은 스릴을 느끼게 해주겠다며 핸들을 오른쪽 왼쪽으로 심하게 꺾는다. 뱃전이 수면에 닿을 듯 기울 때마다 객들은 무서움과 환호가 뒤섞여 고함을 내지른다.

그뿐만이 아니다. 배의 앞머리를 들었다 놨다 하며 "해마를 탄 기분이 어떠냐?" 는 물음에 신이 난다고 대답했지만 헤엄도 못 치는 나로선 여간 두렵지 않았다.

물 밖으로 드러난 습지에는 큰 키에 흰 빛 깃털의 겨울 철새가 느린 걸음으로 먹이를 찾는다. 앙증맞은 도요새들이 옹기종기 모여 몸을 비비대는 모습 뒤로 갈대가 바람막이로 밤바람 추위를 막아주듯 도열해 있다.

자연의 선한 풍경에 마음이 푸근해지며 알 수 없는 포만감이 밀려든다. 봄이라는 계절만 생각하고 얇게 입은 옷 때문에 겨울의 칼바람에 버금가는 추위는 뼛속까지 파고든다. 이곳은 사람이 북적대는 도심이 아니라 황량한 벌판이라는 생각을 미처 못한 탓이다. 허점 많은 나의 성격적 결함이 유감없이 드러난다.

다행이도 지인이 차에 비상으로 준비해둔 두꺼운 머플러가 효자노릇을 단단히 한다. 안전만 생각하고 큰 배를 탔다면 결코 스릴 있는 체험도 못 해보고, 지인 역시 여러 각도에서 찍은 멋진 작품들을 건지지 못했으리라싶다. 누군가 그곳에 가거든 '갈매기호'를 꼭 타라 권하고 싶다.

한 편의 추억을 심고, 마음을 비우고 온 순천만의 감동이 오랫동안 여운을 남길 것 같다. 순수를 찾고 싶을 때 이만한 곳을 찾기도 어려울 것이란 생각이 내내 가슴에 와 닿는다. 사위는 어둠으로 가득차고 회색빛 공간 속에서 갈대는 또 무슨 소리로 자연과 화합하려는지 긴 몸을 일렁이며 서걱거리고 있었다.

순천만 풍경

광활한 갯벌 위에 군락을 이룬 갈대
바람결 파장 따라 우수수 울어대고
혹독한 한기 속에서 화합하여 선 자세

도시의 소음에서 탈출을 원하는 자
순천만 갈대밭에 발 딛고 서는 순간
마음에 스며든 평화 잃은 정서 찾으리

밀물 때 바닷물이 썰물 때 민물 들어
천혜의 자연 조건 생명체 집합처라
밥상 위 풍부한 해물 인심조차 후하다.

청라언덕에 서서

봄은 소리 없이 오지만 시각과 촉각으로 계절의 입김을 느끼게 한다. 마른 갈잎이 뒹구는 2월 말경의 들판이지만, 먼 쪽 하늘을 배경으로 선 숲의 가지 끝은 푸릇한 색감이 눈에 잡힌다. 어제까지만 해도 얼굴을 스치던 바람이 차갑게 느껴졌으나 하룻밤 새 훈풍으로 변해 마음이 가볍다. 시인 이상화 기념관을 찾아가는 노정路程 중 청라언덕을 거친다기에, 학창시절 불렀던 미지의 언덕에 대한 궁금증이 발동하여 문학기행의 일원이 되었다.

이은상 작시, 박태준 작곡의 「동무생각」은 박태준이 사모하던 한 여학생에 대한 애절한 그리움의 곡이며, 노래비가 청라언덕에 세워져 있기에다.

대구로 내려가는 나의 심정은 자못 비장悲壯하기까지 했다. 1901년 대구에서 태어난 시인은 암울한 식민지 시대에서 민족의 설움과 한을 시로써 풀어낼 수밖에 없었다. 시인의 고택 앞에 섰다. 학창 시절 그의 시 「빼앗긴 들에도 봄은 오는 가」 시구를 암기하며 민족에 대한 울분을 터뜨리던 기억이 새롭다.

기와를 이고 선 작은 고택 앞마당에 화강암 시비 세 개가 서 있다.

지금은 남의 땅—빼앗긴 들에도 봄은 오는 가
나는 온 몸에 햇살을 받고
푸른 하늘 푸른 들이 맞붙은 곳으로
가르마 같은 논길을 따라 꿈속을 가듯 걸어만 간다.

고택 대문 바로 앞쪽으로 몇 십층 고급 아파트가 들어선 광경이 실로 눈에 거슬린다. 시인의 고택도 대구시민들의 격렬한 성화成火가 아니었다면 헐릴 뻔한 위기에 처했단다. 그날 문학기행의 인솔자 K 시인은 말했다. '나라의 운명 앞에 피를 토하는 비장한 심정으로 시를 읊었던 한 시인의 생애가 돈독 오른 무리들 사이에서 그 영혼이 유린당하는 비극을 맛볼 뻔했다니 입맛이 쓸 따름이다.' 라고 말이다. 누군들 그런 심정이 아니었을까 싶다.

계산동 일대의 땅을 매입한 아파트 건설회사에 시민의 성금을 모금한 돈 8,600만원을 가져가서 시인의 생가를 보존하였다는 사실 앞에 나는 콧등이 시큰했다. '대구 시민들이여, 참 잘했소이다.' 신음 같은 기도가 흘러나왔다. 아침 조간신문에도 이런 기사가 실렸다. '10~20대 60%가 6·25한국전쟁이 언제 일어났는지 몰라.' 라는 내용이다. 해방 후 일어난 일도 모르는데, 그 이전 일제강점기 때의 일은 머나먼 나라의 옛이야기처럼이나 관심 밖의 일일 수밖에 없지 않을까?

대문을 들어서면 시인이 심었다는 나무 한 그루가 을씨년스럽게 서있고, 생가에서 운명한 그분의 생애를 반추하게 된다. 마루에 있는 시인의 흉상이 우리를 반기는 듯하다. 잘 생긴, 귀티 나는 얼굴이다. 두 칸 방에는 시인의 숨결이 느껴지는 집필 도구들이 상 위에 펼쳐져 있다. 다음 행선지를 위해 집을 나서는 일행의 발걸음이 굼뜬 것은 아마도 그분에 대한 존경심 때문이었으리라.

대구 역사를 증언할 수 있는 건축물 계산 성당은 100여 년의 전통을 지녔다. 우리나라 경제부흥의 초석을 마련한 박정희 대통령 내외가 결혼식을 올린 장소이기도 하다. 성당 안 스테인드글라스는 참 아름다웠다. 예수의 12사도와 우리나라 초기 천주교 지도자 3인의 모습이 새겨진 그림의 색조는 유럽의 어느 성당 안에서 보았던 그라스보다 더 오묘한 빛의 형상을 띄고 있었다.

여행은 맛난 음식을 먹고 난 후의 포만감과도 같은 느낌의, 고차원적 행복감을 느끼게 한다. 단순히 집을 떠나는 의미가 아니라, 오감의 충족을 함께 느낄 수 있는 기회다. 오늘날 우리나라가 세계에서도 뒤지지 않는 신학문을 배우고, 인재를 배출하는 것도 미국 선교사들 덕분임은 인정해야 하리라. 선교사들에 의해 대구의 최초 여학교인 신명학교가 설립되어 오늘날까지 역사를 자랑하는 명문 여고로 발전했다.

계산 성당 앞마당의 한 그루 사과나무는 미국 선교사가 우리나라에 처음으로 가져와 심은 사과나무라고 한다. 이 사과 묘목이 아니었다면 여태까지 사과 맛을 모르고 살지나 않았을까 의문스럽다. 그때 담쟁이넝쿨 묘목도 같이 들여왔다니 고풍스런 풍광을 보여주는 데는 이 넝쿨에 비길만한 식물이 없을 정도로 백 년의 역사를 자랑한다. 지금은 지구온난화현상으로 각 지방의 과실수도 북쪽으로 이동이 된 상태지만, 나의 학창시절에는 '사과' 하면 단연 '대구' 라는 문답이 성립되었다.

계산 성당 앞에서의 감격을 뒤로 하고 청라언덕을 향했다. 양지바른 언덕 위의 선교사들 집이 아직도 보존되어 있다.

봄의 교향악이 울려 퍼지면 청라언덕 위에 백합 필적에
나는 흰나리꽃 향내 맡으며 너를 위해 노래 노래 부른다.

사춘기 때, 많이도 불렀던 「동무생각」 노래다. 애수를 담은 곡조에 왠지 목이 메는데, 청라언덕 앞의 선교사 무덤들을 보는 순간 슬픔의 진원지가 어디인지 알 수 있을 것 같았다. 100년도 더 된 그 시기에 잘 살 수 있는 환경의 본토를 떠나 머나먼 오지 한국에서 복음을 전파하며 살다가 목숨을 바친 선교사들 무덤 앞에 서니 비감이 서렸다. 그들은 명문 하버드며 프린스트 대학을 나온 수재들이었다.

비석에 새겨진 그들의 행적과 사진을 보니 마음이 아팠다. 그들의 생애가 고작 30대 전후 반으로 짧았던 것은 당시 오지에서의 위생이 큰 문제였다고 한다. 그 중에는 어린 딸과 부인과 함께한 가족사진이 있어 더욱 눈물겨웠다. 순간, 우리나라는 미국에 참 많은 빚을 지고 있다는 생각이 들었다.

한국동란으로 위기에 처해 있을 때도 미국은 청년 몇 만 명을 한국에서 희생시켰다. 청년들의 집안 또한 미국의 명문자제가 많았다고 한다.

우리나라에서 행세깨나 하는 집안일수록 자녀들을 군에 보내지 않도록 하기 위하여 신체 일부를 손상시키는 사례도 있고 보면 낯이 뜨겁다. '애국' 이란 말은 함부로 쓸 일이 아니다. 실천 없는 말만의 애국이 무슨 필요가 있으랴! 남북이 대치한 현 상황에서 만약 전쟁이 일어난다면 이국에서 순교한 미국의 어버이들 같은 부모가 있을는지 도무지 모를 일이다.

청라언덕에 서면 '은혜를 저버리지 말라' 는 무언의 암시가 몸으로 느껴져 숙연해진다. 나는 그날 시인이 다리를 절며 비탄과 허무에 젖어 걸었던 들판을 자유롭게 걸으며, 죽는 날까지 나라를 사랑해야겠다는 각오가 새삼 내 마음을 다잡았다.

봄날은 간다

며칠 간 후줄근하게 내리던 비가 잠시 갠 날씨다.

내가 아끼는 한 여류 문인을 문병하기 위해 그녀가 사는 지역을 찾았다. 뇌수술을 받은 후 몇 개월이 지난 터라 약간의 운신(運身)은 가능하다기에 맛있는 음식이라도 사주고 싶어 어느 식당에서 만나기로 했다.

그곳에 사는 L 여류 문학가와 기다린 지 한참 후 딸의 부축을 받고 나타난 그녀를 보는 순간 나는 두 팔로 감싸 안으며 눈물이 날 것 같아 고개를 돌렸다. 그렇게 예쁘고 명랑하던 얼굴은 수척해지고 몸무게는 45kg으로 내려갔단다. 평소 우리는 문단에서 일어나는 모든 일들에 관한 소식도 주고받으며, 의분에 찬 일에 대하여는 죽이 맞아 반론을 제시하기도 하던 사이다.

환자도 환자지만 미래의 꿈을 안고 학위를 받기 위해 일본 동경대학으로 유학 갔던 무남독녀 딸이 어머니를 위해 공부를 포기하고 귀국한 사실이다. 앞길이 창창한 딸이 어머니의 병 때문에 본의 아니게 볼모가 된 사실이 더욱 안타까웠다.

밥 한 숟가락 뜨기가 힘든 모습을 보니 삶에서 건강이상 더 좋은 게 무에 있을까싶었다. 기온이 꽤나 높은 늦봄 한낮에 머리 전체를 덮은 가발을 썼으니 그 고충이 오죽 할까. 식사를 마치고 아파트 사이로 난 숲길을 걸으며 벤치에 앉았다. 우리는 잠시 옛 추억에 푹 빠져 지리산이며 채석강과 영월 등등 문학기행으로 우정을 나누던 시절로 돌아가 이야기꽃을 피웠다.

"오늘 따라 엄마 발걸음도 가볍고 말수도 늘었다." 며 딸의 표정도 무척 밝았다. 정다운 친구들을 만나서 그런지 환자의 표정도 한결 평화로워 보였다. 돌아오는 버스 안에서 창밖을 무심히 바라보는데 아주 먼 옛날 노래 〈봄날은 간다〉가 문득 떠올랐다. 한국동란 후 폐허가 된 국토에 온 국민이 시름에 젖어들던 1953년 박시춘 작곡의 노래로 나 자신도 자라면서 서글피 불렀던 노래다.

'연분홍 치마가 봄바람에 휘날리더라' 는 가사 멜로디에 친구의 모습이 오버랩 되었다. 문학인으로 희망에 부풀었던 날들, 깃발 휘날리던 우리의 청춘은 세월이란 바람 속에 용해되어 날아가 버렸다. 모두 한낱 꿈인 것을… 그녀는 평소 완벽주의자에 가까웠고, 완벽을 추구했다.

막시무스의 저서 『지구에서 인간으로 유쾌하게 사는 법』을 보면 '흠이 없는 사람이 되려고 애쓰지 마라' 고 조언한다. 애초 신은 인간을 흠이 있게 만드셨다. 딸을 시켜 고급 빵을 준비해놓고 돌아오는 우리 손에 쥐어주는 처세에 왠지 서글픈 기분마저 들었다. 그렇게까지 하지 않아도 좋으련만.

우리의 젊었을 적만 해도 어른들이 시키는 대로 옳든 그르든 고분 고분 말 잘 듣는 사람은 사랑받으며, 자신의 견해를 밝히려 들면 나쁜 사람으로 인정해버리는, 이분법적 사고의 틀 속에 갇혀 지내왔다. 그렇다면 우리에게 과연 사랑받지 못할 방법을 택할 용기가 있었겠는가? 그녀나 나나 혹독한 시집살이와 윤리 도덕이며 위계질서에 대한 강박 관념에서 탈피하기가 쉽지 않은 인생 과정을 거쳐 왔다. 눈물을 많이 흘렸던 과거사도 비슷하다. 우리가 꿈꾸던 이상은 그저 희망 사항일 뿐 자신의 감정·생각·목소리를 말살해야만 했다. 과거의 일상 모든 면에서 완벽해야 칭찬 받던 생각이 세뇌되어 오늘날의 성격 형성에 영향을 미친 것 같았고, 병의 유발 원인이 되지 않았나싶어 슬프기만 하다. 지난날의 눈물이 오늘날 우리를 문인으로 키워준 자양분이 되었다고 말한 적이 있긴 하다.

많은 세월이 흐른 지금 과거는 과거일 뿐 그리 무섭지도 않고 우리를 긴장시키지도 않는다. 하지만 그 시절 받았던 마음의 상처는 뇌리에 박혀 간간이 우리를 긴장케 하는 요인으로 작용한다.

나 자신도 노년에 이르고 보니 그녀와 비슷하던 성격에서 어느 정도 해방되었고, 막시무스의 조언에 귀를 기울이게 되었다. 무엇보다도 나 자신이 얼마나 흠이 많은 사람인지를 깨달았으니 처신을 잘 하리라 생각하지만 그 또한 모를 일이다.

> 꽃이 피면 같이 웃고 꽃이 지면 같이 울던
> 알뜰한 그 맹세에 봄날은 간다

그녀가 완쾌하면 「봄날은 간다」 노래를 부르며 순리에 따라 살자고 말하리라. 시간의 흐름 따라 계절은 발을 내딛는 걸음걸음마다 자연의 소리를 선사한다. 훌륭한 교향곡이라도 계속 들으면 귀가 먹먹해지고 머리가 아프다. 그러나 새들의 지저귐, 풀벌레 소리, 갈대가 몸을 부대끼는 자연의 음향은 심신을 맑게 한다. 의사가 권하는 사항이기도 하지만 힘이 들어도 자주 걸으며 자연과 친해지길 부탁한다.

아름다운 노래는 슬픔 없이 빚어지지 않는다. 인생도 고통과 고뇌가 없으면 완성된 인간으로 거듭나기가 어렵다는 게 보편적 진리다. 그렇게 큰 시련을 겪었으니 완쾌하면 달관의 경지에 이른 인생으로 거듭나리라 싶다.

어느 날이 될지, 나는 그녀와 자연 속에서 하모니를 이루어 봄날의 노래를 부르리라. 그러나 지금은 마음이 아프다.

록키산의 위용

1996년 친구 부부 네 쌍이 10일 간의 캐나다 여행을 떠났다. 캐나다는 국토가 넓고 볼 곳이 많아 10일이지만 수박겉핥기 식의 여행일 수밖에 없어 날이 갈수록 아쉬운 생각이 들었다. 오늘은 록키의 위용威容에 압도당하는 날이다.

록키산맥은 미국 남서부에서 캐나다 유콘주까지 장장 4,800여 km에 걸쳐 뻗어 있다. 록키의 여러 산 중 인디언이 자기들 영혼이 깃든 산이라면 신격화하는 캐슬마운틴은 정말 대단하다. 보는 각도에 따라 성처럼 생긴 바위덩이가 기묘한 모습으로 바뀌는 산 모양에 감탄한다. 한국의 나지막하고 평화롭게 보이는 완만한 곡선과는 또 다른 무게의 모습으로 다가온다.

록키산맥 아래 보우강변을 따라 거처를 정했다는 인디언 마을이 나타난다. 활의 좋은 재료가 되는 나무가 서식하는 그곳이 그들의 활동무대라고 한다.

인구가 줄어드는 인디언들을 살리기 위해 캐나다 정부는 이곳을 '인디안보호지역'으로 정하고 최대한의 노력을 기울인다. 그 옛날 원주민으로부터 위스키 몇 십 병, 도끼 몇 자루, 밀가루 몇 백 포대로 산 땅들은 캐나다의 원동력인 도시로 성장했다. 그런 역사에서 인디언들에게 무력감을 안겨준 책임을 정부는 알기에 지금은 그들을 잘 보살피는 정책을 편단다.

미국은 이민 온 나라 사람들을 자기들 문화에 용해시켜 미국화 시키는 '용광로문화'인 반면 캐나다는 이異민족 개개국의 특성과 전통을 살려주고 보살펴주는 '모자이크 문화'인 점을 감안하면 캐나다 정부의 너그러움이 한결 미덥다.

7천만 년 전에 형성된 보석 암모라이트가 많이 생산되는 록키산맥에는 나무가 자라는 해발 2,300m 한계선 바위덩어리 위에도 곧게 자란 침엽수림이 울창하다. 기온이 워낙 낮아 키는 그리 크지 않지만 수백 년 세월을 자랑하는 나무는 보통이며, 천년의 수령을 지닌 나무도 있다니 생명에 대한 경외심마저 일게 한다.

록키산맥 중 유네스코로부터 세계자연유산으로 지정(1885년)된 6,631km²의 국립공원 벤프네쇼날 파크로 갈 때는 짐승들이 놀랠까 봐 차 속력을 90km 이상은 달리지 못하도록 제한했다. 아무도 다니지 않는 잘 정비된 산속 길을 만약 성질 급한 우리나라 사람들이 달린다면 규범을 제대로 잘 지킬는지 생각하니 그네들의 도덕성이 부럽기만 했다. GNP수치만으로 따질 일이 아니다.

우리나라가 '경제성장'이라는 하드웨어 부분에서는 선진국 문턱을 막 넘으려고 하면서도 '의식과 문화수준'이라는 소프트웨어에서는 아직도 심각한 저개발 상태에 머물러 있다. 어릴 적부터 아이들을 공주와 왕자로 대접하며 키우는 한국의 부모들이 있는 한, 바른 도덕성을 갖기란 요원한 문제 같아 한숨이 나온다.

미물 하나라도 보호하는 그곳에서는 만약 누군가 짐승을 사냥했을 경우에는 짐승을 쏠 때 쓴 도구며 차량까지 압수당하고 20만 불의 벌금도 물어야 한다. 도시 지하철을 무임승차할 경우에도 발각되면 500불의 벌금과 평생 공무원 시험을 볼 수 있는 자격도 박탈당한다니, 자유를 남용한 사람은 그만큼 혹독한 대가를 치루는 나라였다. 가는 도중 사슴가족이며 다람쥐가 도로 가운데까지 나오는 통에 차를 자주 세워야했지만 귀엽다고 과자나 음식물을 주면 큰일 난다며 말린다. 사람이 먹는 음식을 주면 당뇨병에 걸리기 쉽다고 한다. 아무튼 이곳에서는 자연에 역행하는 일은 절대로 하지 않는 모습이었다.

벤프 지역에는 개인의 땅은 없고, 전부가 정부 소유다. 상점이나 호텔도 정부로부터 세를 내어 운영한다. 땅 투기로 생겨날 개인의 부와 그에 따른 부작용을 원천적으로 차단하는 조치였다. 우리나라에서는 개인이 상점을 운영하다 뒷사람에게 권리금이란 명목으로 많은 돈을 덧붙이는 일은 캐나다에서는 통하지 않는다. 유명 관광지 거의가 개인 소유의 땅은 없다고 한다.

국립공원에 설치된, 1959년 스위스 설계사가 만든 곤도라를 타고 수직 698m 경사 51도로 1,500m를 올라간다. 산위에서 멀리 내려다 보이는, 세계 10대 전망 좋은 곳으로 지정된 백년 전통의 벤프 스프링스호텔을 보니 마치 고성을 방불케 한다. 옆에 근대식 호텔이 있어도 시설이 불편하고 값도 더 비싸지만 6개월 전에 예약을 하지 않으면 투숙할 수 없단다. 1886년 착공 시에는 50여 개 방에 불과했지만 120여 년이 지난 오늘날에는 876개의 객실에 1,700명의 숙박시설로 불었다. 그런데도 처음 지을 때의 모양과 자재로 이어 지은 모습은 보우강과 어울려 아름답고 고차원의 품격을 그대로 간직하고 있다.

해질녘 겹겹의 양치식물이 내뿜는 향기가 산속 서늘한 공기에 실려 은은히 퍼진다. 한 점 군더더기 없는 자연의 냄새다. 북극이 가까워서인지 밤 아홉 시가 되어도 한국의 오후 서너 시경쯤으로 날이 밝아 혼돈스럽다.

마릴린 먼로 주연 「돌아오지 않는 강」의 촬영지였던 작은 폭포에서 우리는 기념사진을 찍고 원시림이 그대로 넘어진 길을 오니 귀가 윙윙거리는 고지대로 차는 기어간다. 어릴 적 그림엽서에서 환상적 경치를 볼 때면 실지로 존재하는 곳이 아니라 어느 화가의 상상 속 그림이라 생각했던 그런 호수가 나온다.

세계 10대 절경 중 한 곳인 '레이크루이스'다. 길이 2.4km 폭 800m인 이 호수는 해발 1,731m에 있다. 해가 지지 않는다던 대영제국의 찬란한 시대에 64년간 재위기간을 가졌던 빅토리아 여왕의 이름을 딴 빅토리아산이 이곳에 있다. 산의 만년설 아래 있는 이 호수는 여왕이 가장 사랑한 넷째 딸 루이스의 이름을 붙였다.

영국의 식민지였던 캐나다였고 보면 곳곳에 영국풍의 색체가 짙게 풍기고 여왕의 동상도 곳곳에 있다. 이곳의 정경만은 망각 속으로 사라지지 않기를 바라는 마음에서 계속 사진을 찍어댔다. 떨어지지 않는 발길을 돌려 지붕 가장자리까지 유리로 된 관광차를 타고 오는데 절벽으로 여러 가닥의 물줄기가 흘러내리는 '눈물의 벽' 이라 명명한 단애가 줄을 이어 나타난다. 눈이 흘러내리면서 산을 깎아 천연적으로 만들어진 수직절벽의 방대함에 어안이 벙벙할 뿐이다.

보우호수의 발원지로 북미에서 하이웨이가 지나가는 길로는 가장 높다는 2,069m의 보우고개 정상에서 아래를 보니 강의 끝은 어디쯤인지 상상이 되지 않았다. 오늘 내내 보았던 록키의 영산들 꼭대기를 보느라 목을 젖히고 다녔더니 뒷목덜미가 당겨 파스를 붙이고야 잠이 들었다.

록키산의 위용(2)

록키산의 웅대함에 찬탄을 금치 못했던 마음이 아직 누그러지지도 않았는데 얼마만큼의 감격이 또 올지 모를 대 설원을 향해 달린다. 록키산 옆구리를 끼고 달리던 보우강이 멀어지나 싶으면 은백색의 투명한 빙하호가 나타나고, 호수를 채 벗어나기도 전에 거대한 산봉우리가 눈앞을 턱 가로막는다. 곳곳에 군락을 이룬 들꽃과 울창한 떡갈나무며 전나무 숲 모든 것에 인간의 손때가 묻지 않은 자연 그대로다.

해발 3,491m 아스바스카산을 지나면 빙하가 나타나고, 산을 돌아 측면을 돌아서니 마치 여성의 주름치마를 연상시키는 넌들산이 사이사이 눈을 끼고 서 있다.

록키산맥의 아이스필드가 다 녹는다면 캐나다의 모든 강이 범람하겠지만 그럴 확률은 전혀 없고, 홍수조차도 잘 일어나지 않는단다.

록키산맥 중 아이스필드 파크웨이를 중심으로 펼쳐진 캐나다안 록키가 가장 아름답다는 이곳, 멀리 또는 가까이 보이는 산봉우리마다 300m 높이의 눈을 이고 선 모습은 가슴마저 전율케 한다. 눈앞의 하늘 한가운데까지 솟아 눈을 이고 선 봉우리 하나하나가 신비로워 나는 신에게 거듭거듭 감사를 드렸다. 비록 우리나라에는 없다하나 이렇게 장엄한 광경을 남겨주신 창조주께 경건한 기도를 올렸다. 하지만 자연의 혜택과 아름다운 관광지를 많이 가지고 있다는 부러움에 좀 전 기도했던 마음은 간 곳 없고 은근슬쩍 부아가 치밀어 오른다.

저만치 시야 끝으로 보이는 콜롬비아 아이스평원을 향해 우리는 차 한 대 5억이라는 설상차를 탄다. 바퀴하나 지름이 2m 정도로 사람 키보다 더 큰, 이상스런 모양의 차를 타고 시속 18km의 속력으로 얼음판 위를 기어간다. 얼음의 깊이가 1km나 된다니 쉬이 꺼질 일은 없을 테다. 하지만 유리알같이 매끈한 얼음 위의 차 속에서 괜히 몸이 오그라드는 것 같은 스릴을 느낀다.

세계에서 유일하게 이곳에만 있다는 스노우코치는 현재 16대가 운행되는데 세계의 많은 인종을 실어 나르느라 바쁘기만 하다. 록키의 진수라는 아이스필드에 들어서면 여의도 면적의 38배가 넘는 광활함에 넋을 잃는다. 어디쯤이 끝일까, 나의 시야 속으로 들어오는 범위만 해도 넓기만 한데, 미국의 시애틀 시市, 이곳 벤쿠버 시 면적만한 325km²의 얼음평원이 이어진단다.

벌판이 관광객들의 오색찬란한 의상으로 뒤덮였다. 이 평원에서 영화 「닥터지바고」의 설원 장면을 찍었으며 이곳을 보고자 밀려오는 각국 관광객이 얼마나 많은지 상상이 가지 않았다. 해발 3,740m의 설원에 서니 그 영화의 장면이 망막을 스치며 세차게 불어대는 바람에 귓불이 따갑다. 영화산업이 발달한 미국에서는 설원풍경을 찍을 때면 이곳으로 온단다. 평원 한 가운데 파여진 골짜기로 콸콸 흘러내리는 자연수는 바로 생수로 팔려나간다. 페트병에 물을 담아 마시니 온몸에 생기가 솟는 듯하다.

한 잔 마실 때마다 십년이 젊어진다는 안내인의 너스레에 "내일 아침 일어나면 모두들 못 알아볼지 모른다. 우리 여성들이 처녀 때 모습으로 돌아가 있을 테니…" 라며 한바탕 웃었다.

다음 행선지로 얼마만큼 달렸을까 물 색깔이 계절 따라 바뀐다는 피토호수에 이른다. 옥색에다 우유를 희석시킨 듯한 물빛인데 바닥에는 암모라이트 보석 원석이 무진장 깔렸다는데, 아직 도난 사건은 한 번도 없었단다. 캐나다에는 호수가 셀 수 없이 많다. 유람선을 타고 어디쯤인지 천국 같은 낙원의 섬에 닿았다. 망망대해를 달려갔기에 태평양 바다라고 생각했는데 온타리오 호수 안의 작은 섬이었다. 원주민 언어로 '빛나는 물'이라는 온타리오 호의 면적은 세계 5대 호수 중 가장 작다는 데도 우리나라 남한 넓이의 반에 해당한단다. 경상남북도 전라남북도 강원도까지 퐁당 담궈야 대충 아귀가 맞다는 이 호수를 가로지르는 데도 꼬박 4일이 걸린다.

개인용 요트가 많이 정박한 모습을 보니 풍요로운 생활상이 상상되었다. 하지만 그 넓은 곳에 매점이 한 군데도 없었다. 경관이 좀 좋은 곳이면 모텔과 음식점을 지어 공해를 유발시키는 우리의 산천이 무척 안타까웠다.

나이아가라 폭포를 보기 위해 장장 몇 시간을 달려도 고속도로에 휴게실 하나가 없고, 간혹 숲이 많은 곳에 화장실만 달랑 지어놓았다. 그런 광경이 왜 그리 부럽던지 모를 일이다. 금년 여름에도 한국의 산과 바닷가로 휴가 간 사람들의 쓰레기양을 처리하는 뉴스를 보니 한숨만 나왔다. 기본적인 도덕 윤리관이 바로 서지 않는 한 선진국민이라는 호칭은 영원히 얻지 못할 것이다.

고속도로에서도 끼어드는 차는 한 대도 없었다. 물 흐르듯 달려 안개가 하늘까지 피워 오르는 광경과 마주하고서야 귀국일이 다 되었음을 깨닫는다.

나이아가라 폭포! 물의 침식으로 만 이천 년 동안 15km정도 가운데 부분이 패어 U자 형의 형태로 떨어지는 물의 힘에 할 말을 잃는다. 사자가 포효하는 울부짖음과도 같은 굉음 속에 비옷을 입고 폭포의 낙차 지점 30m 전방까지 유람선이 갔을 때 우리는 비옷 위로 온통 물방울 세례를 받았다.

캐나다 쪽으로 이 폭포를 보기 위해 오는 관광객이 연 1,500만 명이며 이곳의 수익금은 온타리오 주 정부의 4분의 1을 차지한다는 얘기에 눈물이 날만큼 부러웠다.

수력발전 용량은 미국 165만kw, 캐나다 250만kw인데 캐나다는 전기가 남아돌아 수출을 한단다. 폭포를 뒤로하고 돌아오는 호수 강변에 앉아 휴식을 취하기 위해 다리를 뻗었다. 한 대의 꽃마차가 와 닿고 아름다운 신부가 내린다. 정자에 신부님이 서 계시고 막 결혼식이 진행되려는 참이었다. 어쩐지 주변 사람들의 차림새가 말쑥하다 생각했는데 모두가 하객들이었다. 비둘기도 사람들 무리 속에 유유히 걸어 다니던 풍경, 평화가 흐르는 강변에서 결혼식을 보는 행운도 잡았던 그때가 그립다. 그때 친구 부부 네 쌍이 추억을 남기고 온 여행인데, 여덟 명 중 친구 남편 두 분과 우리 친구 한 명이 세상을 등졌다. 그때의 여행사진을 볼 때면 세월의 무상이 뼈끝으로 사무치며 그들이 그리워 눈물이 난다.

외국어 해프닝

한국 학부모들의 자녀에 대한 교육열은 세계 어디에 내어놓아도 뒤지지 않는다.

못 먹고 헐벗어도 배고픔을 참아가며 자식들의 공부를 뒷바라지 하던 옛날 우리 부모님들은 참 위대하다고까지 말해도 어느 누가 이의異議를 달 수 있으랴! 그 시절에는 중학교에 들어가서야 비로소 알파벳을 익히고 영어공부의 첫걸음을 시작했다.

며칠 전 외출하면서 골목길을 내려가는데 앞서가는 젊은 엄마가 네댓 살쯤 돼 보이는 딸아이 손을 잡고 영어단어 공부를 했다.

"개는? 도그. 달걀은 에그. 고양이는 캐츠." 하며 신통하게 대답하는 지라 나는 그 광경이 재미있어 가만히 뒤따라갔다. 그러다가 무슨 단어를 물었는데 미처 대답을 못하니 야단을 막 치는 게 아닌가. "몇 번이나 가르쳐줬는데 그것도 몰라?" 하며 다그치니 아이가 그만 울음을 터뜨렸다.

나는 하도 어이가 없어 "애기 엄마! 몇 살 되지도 않은 아이한테 뭘 그렇게 닦달해요? 지금은 한창 뛰어놀아야 할 시기니 실컷 놀게 내버려두어도 좋을 텐데…" 하니 그녀는 무슨 상관이냐는 듯 곱지 않은 눈초리로 흘깃 쳐다보고는 빠른 걸음으로 가버렸다. 초등학교에 입학하면 몇 달 만에 깨우칠 수 있는 한글을 조기에 강요하면 뇌에 무리가 온다는 학자들의 주장도 있다. 고맘때의 뇌는 놀이문화가 입력되어야 하는데, 갑자기 문자를 억지로 기억하려니 뇌도 혼란이 된다는 지적이다.

나는 그 강의를 듣는 순간 가슴이 철렁했다. 나 역시 손자들에게 공부를 강요하는 말들을 곧잘 내뱉으니 말이다. 사회는 경쟁력에서 살아남은 자만을 요구한다. 치열한 생존의 현장에서 탈락되지 않기 위한 몸부림이 처절할 정도다. 일 년에 수십 만 명씩 쏟아져 나오는 대학 졸업생들을 수용할 직장이 절대적으로 부족한 현실이다. 우리말도 잘 알아듣지 못하는 유아들에게조차 강박관념을 느끼게 하는 부모의 심정도 이해하지 못하는 건 아니다.

하지만 도가 지나치다는 생각이 든다. 요즘은 외국어를 배우는 방법과 교재도 다양하여 예전보다는 익히는 속도가 빠르다고 하지만 그래도 서양인들과 마주치기를 꺼린다. 나 역시 외국인을 보면 혹여 길이라도 물을까봐 피한 적이 여러 번 있었다.

10여 년 전 캐나다 여행 때 캘거리에서 토론토로 가는 비행기 안에서의 일이다. 예약표가 아니고 현지 공항에서 구입한 표라 띄엄띄엄 남은 좌석에 관광일행이 앉게 되었다. 내 좌석을 찾아가니 창문 쪽에 40대로 보이는 흑인신사 한 명이 말쑥한 양복차림으로 앉아 있었다. 나는 가벼운 목례를 하며 앉고, 복도 쪽은 우리가 '속눈썹'이라 별명을 붙인 여인의 자리였다. 여인은 며느리까지 봤다는데 아침마다 진한 화장에 속눈썹이 길어 자세히 보았더니 가짜 눈썹을 붙였다. 화장을 할 때마다 자기 모습에 정성을 기울이는 부지런함은 나로선 상상이 되지 않았다.

나는 흑인 옆에 앉기가 거북하여 속눈썹과 자리를 바꾸자고 했지만 사양했다. 치장도 치장이지만 어찌나 싹싹하고 말을 잘 붙이는지 그리 밉상은 아니었기에 부탁했던 차였다. 3시간 반이나 가는 여정인데 긴 시간을 어떻게 보낼까 나는 고민이 되었다. 밤이라면 눈이라도 감고 자는 척하련만 화창한 날에 그럴 수도 없는 노릇이었다. 바깥 경치를 보려고 고개를 조금만 돌려도 그 신사가 싱긋싱긋 웃는 통에 여간 민망하지 않았다. 사람을 보면 잘 웃는 성정은 그네들 몸에 배인 습관이지만 우리는 어디 그런가. 아무 말 하지 않고 30분을 가는데 마치 바늘방석에 앉은 것 마냥 거북했다. 앞으로 긴 시간이 남았는데 나는 부딪혀보는 수밖에 없다 생각하고 용기를 내어 물었다. "두 유 노 코리아?" 했더니 아주 활짝 웃으며 "오! 예스 예스"라 말한다. 이제 꺼내놓은 말이고 무슨 말이든 해야 할 텐데 문법이고 뭐고 따질 때가 아니었다. 아는 단어들을 갖다 붙여 얘기 해보리라 마음먹었다. 한국을 아느냐는 물음을 시작으로 "어느 나라 국적인가, 어디 사느냐, 여행은 자주 하는가, 한국에 가 보았는가, 한국은 아름답다." 등 주로 단문장의 말을 했다.

그 분은 "자기는 미국인이며 열흘 동안 비즈니스로 캐나다에 왔는데, 앞으로 3일 남았다. 현재 달라스에 산다면서 캐네디 대통령이 암

살당한 곳, 또 자기 할아버지가 한국전에 참전하셨다." 라고 말했다.

내가 잘 못 알아들은 것 같다고 생각되는 부분에서는 다시 천천히 말해주기도 했다. 말을 붙이고 나니 비로소 고개를 돌려 바깥도 내다볼 수 있었고, 구속한 자유를 얻은 듯 했다. 말을 못하고 지내는 것도 형벌 중 형벌이라는 생각이 들었다. 우리가 웃으며 얘기하는 모습을 본 속눈썹이 "비행기 탄지 얼마 됐다고 외간남자와 친해져서 희희낙락하느냐?" 며 놀리기도 했다. 무슨 일에든 용기 내어 부딪치면 그렇게 두려워할 것만은 아니란 생각이 든다. 한국 사람이 미국말 못하는 게 당연한데 왜 그리 주눅 들어 하는지 모를 일이다.

짐을 찾으려고 기다리는데 저쪽에서 손을 흔드는 그 남자가 보였다. "보아하니 동양여자가 맘에 있어 그런가본데, 재미없는 남편 떼어버리고 따라가지?" 라는 속눈썹의 장난기어린 말에 우리 일행 모두 웃고 말았다.

'공부는 공부가 제일 쉽고 재미있다' 라고 생각하는 국민 10%만으로도 나라가 돌아간다는 글을 어디에선가 읽은 적이 있다.

어떤 인생이든 쓸모없이 태어난 생명은 없다는 게 진리라면, 공부에 목숨 걸 정도로 아이들을 다그치는 행동은 좀 자제했으면 싶다. 각자 부여받은 능력을 발휘하여 여러 방면으로 활기찬 대한민국이 되기를 염원하는 마음이다.

호북성 여행과 정 여인

북경 역에 우리를 마중 나온 사람은 조선족 정 여인이었다.

가냘픈 몸매에 예쁘장한 40대 중반의 여인을 보는 순간 동족이라는 핏줄의 당김 때문이었을까 친근감이 일었다. 자정에 후베이성(호북성)샹판시로 출발하는 열차를 기다리는 우리를 안내하느라 애쓰는 모습을 보니 괜스레 미안한 생각이 들었다. 우리를 보내고 길림성에 있는 집까지 가자면 버스로 한 시간 반이 걸린다는데 어떻게 갈지 나는 걱정이 앞섰다. 그 여인이 아니었다면 한마디도 의사소통이 안 되리만치 북경거리에는 기본적인 영어를 하는 사람조차 찾기가 힘들었다.

고층건물 위에서부터 내리비치는 네온불빛 아래 독특한 건축미를 자랑하는 북경의 밤은 한층 화려한 분위기로 연출되었다. 몇 년 후 치를 세계올림픽에 대비해서인지 거리 곳곳에는 초고층 건물들이 우후죽순처럼 키 재기를 하고 있었다.

정치·경제·문화 등 여러 쟁점들이 용광로처럼 첨예하게 달아오르는 중국의 현장을 보니 알 수 없는 위압감이 피부로 스며들었다. 중국인을 일컬어 '만만디' 라고 불렀던 어휘는 이제 과거에나 쓰였던 관습용어로 밖에 의미가 없다는 생각이 든다.

거리의 공안원들도 견장과 모자 테의 붉은 선을 뺀다면 이곳이 사회주의국가라는 느낌은 들지 않을 만큼 자유로운 모습이었다.

호북성에서 탄생한 제갈공명의 탄신일을 기념하여 일주일간 치러지는 축제 행사 중 '세계 문인의 밤'이 있어 참가하게 된 행운을 얻었다. 제갈량은 중국 삼국시대 촉한의 정치가요 명장으로 유비를 도와 오吳나라와 연합하여 조조의 위군을 적벽에서 격파했다. 위인을 기리는 중국인의 존경과 흠모는 실로 대단했다.

샹판시의 특급호텔 홍보석대주점紅寶石大酒店에서 거행된 '문학의 밤'에는 중국·한국·일본·영국·캐나다·호주 등 20여 개국의 문인들이 참석하였다. 각 나라의 문인들 소개며 작품 발표 등 성대한 식을 치른 후 담소하며 만찬을 즐겼다.

중국의 전통음식은 가짓수도 많지만 양이 너무 많아 곤혹스러웠다. 마지막에 나온 30cm나 되는 길이의 큰 생선찜이 나왔을 때는 아예 손조차 대볼 수 없을 정도로 배가 불렀다. 우리나라의 음식 낭비는 중국에 비하면 '새 발의 피' 같기만 했다.

중국에서는 귀한 손님을 맞을 때, 음식 그릇이 비면 또 갖다 채우는 것이 예의라니 이만저만한 낭비가 아니겠는가!

식후 공설운동장에서 대형 가설무대를 설치하여 제갈량의 일대기를 연극으로 보여주는 프로그램이 있었다. 전투 장면에는 붉고 푸른 레이저광선이 얽히고설키게 쏘아대며 높은 음향으로 연출하니 두려움마저 일었다. 10만 명이 운집한 운동장 스탠드를 둘러보는 순간 나는 몸에 심한 전율이 왔다. 마치 콩나물시루를 연상시키듯 새까만 머리들이 자리에 꽉 박혀있는 모습에서 '인산인해' 라는 말이 실감 났다.

머릿속에는 6·25한국전쟁 때 중공군의 인해전술人海戰術이 연상 작용으로 일어나기도 했다. 현란한 레이저 광선과 군중의 함성에 우리의 정서가 결코 동화될 수 없어 한국 문인들은 슬그머니 자리를 떴다. 접대용으로 일등석을 마련해준 주최 측의 성의도 안중에 들어오지 않았다. 밖으로 나오니 운동장에 미처 들어가지 못한 군중도 부지기수였다. 중국인은 무슨 축제일이 되면 지방에서 올라온 사람들도 광장이나 역 언저리에서 노숙하며 며칠 동안 축제를 즐긴다고 한다.

우리는 정비가 잘 된 한강 변을 걸으며 아이스크림을 하나씩 입에 물고 이국의 낭만 속에 젖어들었다. 가로등 불빛에 조형미를 자랑하는 조각 작품들이 한 걸음 진일보된 중국의 발전상을 말해 주는 것 같았다. 지난밤 자정에 북경 역을 출발한 열차가 오늘 오후 3시 반경 이곳에 닿았다. 무려 열다섯 시간 반을 가도 가도 끝없는 옥수수 밭을 보았고 중국 땅이 넓다는 사실을 몸으로 체감했다. 지나면서 보았던 열악한 농촌 광경과 도시의 모습은 하늘과 땅 차이만큼이나 이질적인 체제로 보였다. 이곳 샹판시는 우리나라 강원도 양양과 자매결연을 맺고 있기에 서기장과 샹판시 현장의 융숭한 대접을 더 받을 수 있었다.

서기장은 관광을 위해 후안(무안)으로 떠나는 우리에게 선물도 안겨주고 9인승 승합차까지 내어주었다. 무안의 대표적 경승지는 '동호'라는 큰 호수로 광활한 바다 같은 느낌이 들었다. 호수를 중심으로 한 경관 면적이 88km², 호수의 수면 면적만 33km² 라니 바다라고 착각하는 것도 무리가 아니다. 땅덩이가 크기에 자연도 거대한지, 무엇이든 크기에 압도당하는 기분은 그리 유쾌하지 않았다. 하지만 경치와 옛 건물들이며 아취형 다리 등 아름다운 경치에 매료당하지 않을 수 없는 경승지였다.

경치 좋은 곳을 서너 군데 들러 북경으로 돌아왔을 때 우리는 정 여인과 재회할 수 있었다. 북경에서 100km 거리에 있는 용경협 관광을 가며 정 여인은 내게 언니 같다면서 자신의 처지를 얘기했다. 중국 땅 낯선 곳에서 만난 여인이었지만 금방 친해질 수 있었던 건 '피는 물보다 진하다' 는 인지상정人之常情 때문이리라.

우리를 보는 순간 그녀의 가슴속에 흐르는, 잠재된 조국애에 타인 같은 감정은 아니었으리라. 얘기를 듣다 보니 그녀의 가슴에 묻어둔 사연은 온통 흙빛이었다.

나는 가만히 경청하기만 했다. 남편은 10여 년 전부터 남양에 가서 일을 하는데 3~4개월 만에 한 번씩 집에 오면 2~3일 간 머물다 간다고 했다. "여기에선 놀고먹지 못하는 세상이라" 며 말끝을 흐리는데 여인의 얼굴에 스치는 번민과 외로움으로 나는 마음이 아렸다. 또 고3 아들이 공부를 무척 잘하여 북경대학에 보내고 싶은데, 북경에 호구(집)가 없으면 응시할 수가 없다고 한다.

인류의 보편적 사고는 평등과 자유일진데 사회주의 국가의 한계가 드러나고 있었다. 북한의 평양이나 이곳 북경은 특수 시민이나 배려하는 권력층의 도시일 뿐, 서민이 발붙일 곳이 아니라는 생각마저 들었다. 망치소리 더 높게 뻗어가는 허울 좋은 발전상 이면에 개인의 소망은 허상으로밖에 존재하지 않는다는 사실이 두렵기조차 했다. 하나 아들의 장래를 위해 북경에다 작은 집이라도 장만하기 위해 부부가 떨어져 사는 것쯤은 감수해야 되지 않겠느냐며 쓸쓸히 웃었다. 상실과 고통의 표정이었다. 관광객의 통역이 없는 날에는 식당에서 허드렛일을 한단다. 그녀는 한국을 이상향의 나라로 생각하고 있었다.

"한국에 가서 일 년만 벌어오면 북경에다 아들을 위해 집을 마련할 텐데…" 라고 하던 말이 요즘에도 나의 귓가를 맴돈다.

이 나이쯤 되면 만나고 헤어짐에 익숙할 때도 되었건만 날이 갈수록 힘들다. 세월이라는 것, 인연이라는 것도 흘러가게 마련인데 나와 연줄이 된 모든 인연들을 가슴속에 가둬두고 싶은 욕망으로 그득하니 체할 것 같다. 언제쯤 이 모든 것을 비워낼까! 세월이 흐른 지금도 그녀의 소망이 이루어졌기를 늘 기도하는 마음이다.

채석강에 시름을 벗어놓고

눈부신 사월이다. 학창시절 애창했던 「사월의 노래」는 '목련꽃 그늘 아래 베르텔의 편질 읽는' 계절이었다. '돌아온 사월은 생명의 등불을 밝혀주며 빛나는 꿈의 계절이기도 하고 눈물어린 무지개 계절'임을 노래했다.

버스에 몸을 싣고 들뜬 마음으로 전라북도 부안군에 위치한 변산반도로 향했다. 저마다 개성을 자랑하는 각양각색 차림의 여성들을 보니 봄과 여인과는 잘 어울리는 주객 같다는 생각이 머리를 스친다. 봄이라는 계절과 자연적인 산천이 주인이라면 우리는 객이 되어 그 모두를 감상하려고 찾는 게 아닌가 싶어서다. 멀리 차창 밖으로 화사한 벚꽃이 자태를 서서히 감추려는 시점, 이제 만개할 채비를 차리는 과수원의 복사꽃이 내 시야를 채운다.

고향인 청도군 복숭아 과수원 뒤편 선산에 고이 묻혀계시는 부모님의 인자한 얼굴이 복사꽃과 함께 부각되어 왔다. 아버지 상여를 유택으로 모시던 그해 사월의 전원은 온통 분홍빛으로 화려했지만, 정녕 엘리엇의 「황무지」를 떠올리게 하는 잔인한 계절이었다.

완만한 해안선을 따라 이름조차 정감이 가는 포구들 사포·후포·줄포를 지나 모항에 사는 향토시인 P씨와의 만남은 삶에 대한 진실이 무엇인지를 깨우쳐주었다. 〈창작과 비평사〉에서 발간한 시집 『바구니 속의 감자 싹은 시들어가고』에서 시인은 현실에 대한 항변이랄까, 농민을 대변하는 저항시를 승화하여 읊었다.

그의 시에는 보리 고추 상추가 있고 온통 흙냄새가 풍긴다. 변산반도 끝 모항에서 감자밭을 일구며 농부로 살아가는 수수한 그의 모습에서 거짓이란 단어와는 결코 부합할 수 없는 진실이 묻어났다. 투박한 전라도 사투리의 어눌한 말투지만 할 말은 올곧게 다하셨다. 사회에 대한 통분의 한마디 한마디가 가슴으로 진하게 전해져온다.

우리가 변산반도 본래의 모습을 볼 수 있는 기간도 이삼 년뿐이란다. 국토확장사업이란 명목 하에 시행한 간척 사업은 수자원의 훼손을 몰아오고 국토의 지형이 변경된단다. 그 결과 도시인의 땅 투기가 이곳에도 예외 없이 일어나는 것은 불을 보듯 뻔하고. 밭에 푸릇푸릇 푸성귀가 있는 밭은 현지인의 땅이지만, 황토색 빈터인 곳은 이미 도시인의 수중에 점령된 곳이란다. 이곳에서 대대로 뿌리박고 살아온 농민에게 돌아가는 이익은 하나도 없고, 외지인 투기꾼의 주머니만 불려주는 정책에서 농민이 기댈 곳은 어디며, 어디에다 애정을 부칠 수 있느냐고 항변했다.

수려한 경치의 모항에도 언덕 위 전망 좋은 곳에는 대기업에서 지어놓은 콘도가 여러 채 있었다.

P시인은 "옛 모습 그대로 보존해야 인심이 달라지지 않을 텐데,

아스팔트도 생기고 편리한 환경으로 바뀌면 자연은 오염된다." 는 말은 차라리 절규에 가까웠다.

농촌엔들 아스팔트길이 왜 편리하지 않겠는가. 하지만 도로 따라 들어오는 것은 매캐한 매연과 여인들의 분 냄새며 졸부들의 행렬이 이어진단다.

아픈 마음으로 발길을 돌리며 이조 실학의 대가 반계 유형원 선생 칩거지를 거쳐 백제시대 사찰 내소사로 향했다. 사찰 앞 300m 전나무 숲길에 반하여 우리 강토의 자연이 결코 만만치 않은 아름다움을 지닌 뿌듯함에 좀 전 아픔이 조금은 가시는 듯했다. 사찰 내 몇 백 년 수령의 보리수도 이곳을 찾는 길손을 반겨주듯 잎사귀를 흔든다. 자연에 묻히거나 사찰로 가면 마음이 경건해진다. 여행을 하면서 얻을 수 있는 가장 큰 보람이라면 자신을 성찰하는 시간을 모색(摸索)한다는 점이다. 자연은 신비하고 위대하다. 자연을 접하는 순간 오염된 인간사 욕망이 벗겨지고 그야말로 정화된 새 사람으로 탄생한 것 같은 기분이 든다.

여행에는 좋은 경치를 감상하고 유적지를 찾아보는 의미도 중요하지만 무엇보다 대화할 사람이 있다면 금상첨화가 아닐까?

이번 내 옆자리에는 K여중 생물선생이 앉았다. 나와 비슷한 연령이라 서로에게 호감을 느끼고 인생을 살아온 만큼의 감정이나 생각의 폭이 비슷하여 이야기가 잘 통했다. 7억 년 전에 이루어져 수천 겹 줄무늬를 이룬 해안 절벽, 마치 책을 차곡차곡 쌓아놓은 듯한 변산반도는 『택리지』에 '소금 굽기와 고기잡이에 좋고 기름진 밭이 많으며 땔나무와 조개는 그저 얻어 쓸 만큼 풍족하다' 고 쓰여 있다. 또 굶주림과 전쟁 등 재해가 없다는 십승지지十勝之地의 하나로 꼽혔다는 경치에 취하며 반도의 끄트머리에 있는 적벽강으로 향한다.

남쪽의 바다 속은 온갖 색을 지닌 돌로 깔렸다고 하여 붙여진 채석강변에 나는 여인과 나란히 앉았다. 노을빛에 취한 감상도 잠시, 우리는 세속에 찌든 인생살이 얘기를 실타래 풀듯 풀어놓았다. 너나 없이 보내는 세월의 무게며 모습들이 크게 다르지 않았고, 비좁은 소견으로 울고 웃던 일상의 시름들이 이런 자연 속에서는 왜 그리 하찮게 보이던지 모를 일이었다. 대화를 하다 보니 실은 심각하게 생각할 일도 딱히 없음에 우리는 파안대소를 했다. 해가 지고 어둠이 찾아와 서늘한 강바람에 한기를 느낄 때까지 우리는 달빛이 비춰오는 채석강변에서 또 하나의 추억을 묻고 있었다.

행복의 실체는 무엇일까? 행복은 결코 멀리 있는 것이 아니요, 잡히는 것도 아니로되 생각으로 느낄 뿐이라는 진리에 수긍한다. 벌써 십 수 년의 세월이 지났어도 그날의 여인 모습이며 대화의 내용과 서로의 감정까지 아직도 내 머리에 명징하게 남아 있고 그리워진다. 묵은 세월을 돌아보매 내가 그런 것처럼 그 여인도 옛날 그때의 만남에 작은 감회라도 있기를 막연히 바래보는 사월이다.

태하(泰河) 탄생

2011년 4월 2일 오후 2시경 우리 집안의 큰 경사로 다섯 번째 손자가 태어났다.

네 번째 손자를 본 후 12년 만에 맞는 신생아다. 세상에서 새 생명의 탄생만큼 큰 기쁨은 없을 것이다. 일본에서 살고 있는 막내아들이 서른아홉 살에 얻은 첫아기다. 며느리도 37세 노산이라 걱정을 많이 했는데 순산이라니 무척 다행이다.

일본에서는 아기를 작게 낳아 크게 키우는 주의라 임신 중에도 아기의 체중조절에 의사가 무척 신경을 쓴다고 했다. 예정일보다 2주나 빠르게 태어나서 아기가 무척 작다기에 걱정을 했다.

며느리는 한국인의 성격이 급하다는 얘기를 들었는데, 아기도 아빠를 닮아서 그렇게 일찍 나왔다며 농담을 하는 여유까지 부렸다. 예전부터 '씨도둑은 못 한다' 는 말처럼 아들의 코와 곱슬머리를 그대로 닮았다. 요즘 화상통화로 아기를 보면 여간 똘똘하지 않아 아기가 작은 데 대한 기우는 사라졌다. 그런데 큰아들의 장남인 제하濟河(13세)와 띠 동갑 토끼띠에, 출생 달조차 4월이라 이 무슨 조화인지, 더욱 기쁘다.

이름은 손자대의 돌림자인 '하河'를 넣어 태하泰河라고 제 아비가 지었다. 출생지가 국내가 아닌 국외라 진작 갈 수가 없어 애를 태우다가 큰아들 가족이 제주도로 피서 떠나는 시기를 이용하여 우리 부부는 일본으로 갔다.

일본 나고야 공항에 도착하니 공항에서 우리를 기다리던 작은아들이 함박웃음으로 부모를 반긴다. 새 생명과의 첫 만남 시간이 다가올수록 마치 선을 볼 때처럼 설레는 마음의 동요를 느끼며 아들 집에 들어섰다.

생후 5개월의 6kg 남짓한 아기를 품에 안는 순간 갑자기 감격의 눈물이 흘렀다. 머리숱이 얼마나 많은지 마치 베토벤 머리를 연상시킨다. 생명의 소중함과 가치는 어떤 말로도 표현할 수가 없다. 생명의 실체를 품에 안고 보니 혈육의 소중함에 다시 한 번 감사의 기도가 나온다. 70을 향한 막바지 고개에 이르도록 세월의 무게에 가끔은 한숨을 내쉬기도 한 지난 시간들이 아기의 눈동자를 보는 순간 아무런 의미가 없었다. 생의 모든 슬픔이 기쁨으로 승화되는 순간이었다.

생명의 고귀함! 작은 생명은 나의 품 안에서 까만 눈동자로 내 얼굴을 빤히 쳐다본다. 할아버지 할머니를 처음 본 아기는 낯이 설어 잠시 울음을 터뜨리더니 이내 잠잠해진다. 한 생명의 탄생으로 사돈댁에도 웃음이 끊이지 않는단다.

그날 저녁식사 예약을 해놓은 레스토랑에서 만나기로 약속하였는데 오후 6시경 콜택시가 와서 12층 아파트까지 운전기사가 올라와서 알린다. 아기를 데리고 아파트 마당으로 나가니 운전기사가 차에서 얼른 내려 유모차며 짐을 차 트렁크에 넣어 주고, 승객이 차에 안전하게 탄 것을 확인하고 운전석에 앉는다. 음식점에 도착해서도 마찬가지로 기사가 먼저 내려 우리가 안전하게 내릴 때까지 시중을 다 한 후에 출발하는 모습을 본다. 일본에 올 때마다 나는 남을 배려하는 일본인의 친절에 늘 감명을 받는다. 한 사람 한 사람이 일본이라는 나라의 국격國格을 높이는 역할을 하기 때문이다.

일본이란 나라는 우리 민족의 가슴에 씻을 수 없는 멍에를 안겨주어 반감이 들지만 개개인은 정이 많고 다정하다.

우리가 예약 장소로 들어서니 사진작가 특유의 큰 가방을 멘 바깥사돈이 만면에 웃음을 띠고 우리를 맞았다. 태하의 탄생은 우리 집안의 경사이기도 하지만, 연세 70에 손자라고는 처음 맞는 외할아버지는 요즘 정신을 못 차릴 만큼 기쁨에 빠져 있다는 소식이다.

그 분은 일본에서도 이름난 사진작가로 그 동안 사진 소재를 자연에서 찾다가 요즘에는 거의 매일 외손자를 모델로 사진을 찍는단다. 평소에는 외할아버지가 아기를 독차지한다는데 그날은 한국에서 온 우리한테 아기를 양보하며 카메라를 꺼내들고 사진부터 찍어 댔다. 양가가 함께 화기애애한 식사를 나누고 우리 부부는 호텔로 돌아왔다.

이제 우리 집안에는 같은 띠 동갑이 네 명이다. 39년생 할아버지를 비롯하여 작은며느리, 큰 친손자 그리고 태하다. 토끼라면 우선 풀밭이 연상된다. 그리고 토끼는 번식력이 좋다니 우리 집안에 사람이 많았으면 좋으리라싶다. 나라에도 인구가 국력이 아니겠는가! 집안에도 자손이 번성하면 마음이 든든하고 좋을 것 같다.

태하는 뒤집기, 엎드려 팔뻗기, 고개 들기 과정을 거쳐 요즘에는 사방을 기어 다닌다. 12월초 한국에 한 번 오려고 여권을 만들고 있다는 소식이다. 세월 가는 것이 야속한 처지의 우리 내외지만 요즘 같아서는 시간이 속히 흘렀으면 싶다. 큰 손주들도 동생이 오면 서로 봐준다고 벼르고 있으니, 그런 장면을 상상하면 엔돌핀이 마구 솟는다.

사랑하는 나의 손자들아, 모두 건강하게 무럭무럭 자라다오. 그리하여 이 나라의 훌륭한 젊은이로 커가기를 비는 마음 간절하다. 지위가 훌륭하기보다는 예의 바른 보통 시민으로 생각과 삶이 훌륭하기를 바란단다.

영화 이야기

내 삶의 여정에서 영화와 맺은 인연이 50년을 족히 넘는다. 바쁜 일상 속에서도 틈이 생기면 대체적으로 영화감상에 시간을 할애하는 편이다. 생활 전반에 걸쳐 풍족함보다 부족한 환경 속에서 자란 심적 불만을 영화라는 매체로 대리 충족시킨 결과인지도 모르겠다. 영화가 끝남과 동시에 현실은 꿈꿔왔던 유토피아가 아니었다. 그렇더라도 육신이 힘든 시절에 영화는 쓰린 가슴을 달래주는 위안꺼리였음을 결코 부인할 수가 없다.

학창시절 어느 방면으로든 용기 없는 소심증에도 불구하고 그렇게 단속이 심했던 영화관 출입은 이외로 잦았다. 단짝친구와 머리에는 머플러를 두르고 성숙을 가장하여 영화관에 들어가면 안도의 숨을 내쉰다. 영화감상이야말로 나의 적성에 가장 잘 맞으며 살아가면서 그 취미는 지금도 여전하다.

요즘에는 TV영화 채널도 여러 군데가 생겨 안방에서도 골라보는 재미가 있다. 비록 흘러간 영화지만 내 기억에서 지워진 내용들은 새로운 흥미를 유발시키며, 나는 화면 속으로 끌려 들어간다.

몇 년 전인가, 아카데미 시상식 실황방송을 오전 열 시부터 오후

세 시에 걸쳐 본 적이 있다. 그 프로를 보기 위해 다른 약속은 일절 잡지 않고 느긋한 기분으로 커피를 두 잔씩이나 마시며 오로지 텔레비전 화면에만 눈길을 꽂았다. 좋아하는 독서도 한두 시간이 고작인데 무려 다섯 시간을 버틴다는 건 그야말로 광狂이 아니면 불가능한 일이 아니겠는가.

미국 LA의 코닥극장에서 거행하는 행사에 미국의 유명 배우들이 다 모였다. 식장으로 들어가는 여배우들의 화려한 드레스에 눈길을 주며 어느 배우가 베스트 드레서가 될는지 점쳐 보는 것도 여간 큰 재미가 아니다.

배우라는 직업이 꽤나 매력 있다는 생각이 든다. 배우는 인간의 다각적인 삶의 배역에 따라 몰입하여 다른 인생을 실감나도록 재현할 수 있어야 한다. 남의 입장에서 많은 체험을 하기에 진정한 스타는 으스대기보다는 대체적으로 마음이 넓고 이해심이 깊다고 한다. 지금은 유명을 달리했지만 전직 배우였던 레이건 대통령이 명망 있는 대통령 반열에 올랐다는 사실이 그런 현상을 증명하는 게 아닌가 싶기도 하다. 연기를 통하여 인간 내면의 희로애락을 느껴본 사람이기에 사람의 마음을 읽을 줄 아는 안목이 키워졌으리라 유추된다.

아카데미 시상식 때마다 느끼지만 수상受賞자들의 소감에 감동을 받는다. 차원 높은 상이기에 소감 역시 격이 다름을 인정하지 않을 수 없다.

"모든 영화의 주제는 다양해도 시작은 글쓰기부터다. 좋은 대본을 준 작가에게 감사한다.” 아내를 일러 “내 마음속 어둠에 빛을 전하는 사람이다.” “여기에 오면 좋았을 ○○○ 분에게도 감사를 드린다.” “남을 칭찬·감사·소중하게 여기며 거친 경험을 겪을 때 꼭 필요한 것들은 할머니께서 가르쳐주셨다.” 등등.

우리나라에서 시상하는 영화제 행사를 볼 때면 상을 받고는 감격하여 눈물을 흘리며 누구누구에게 “감사하다”는 말 이외以外는 마음에 와 닿는 감동의 말을 들어본 적이 없기에다. 여성 수상자들 중에는 눈에 칠한 마스카라가 눈물에 범벅되어 뺨으로 검은 물이 흘러내리는 광경을 보면 고개를 돌리고 싶을 정도로 민망하다. 나는 그럴 때마다 ‘한국인의 정서는 왜 저렇게 메마른가?’ 좀 더 근사한 감동의 말 한마디가 그렇게 어려운가 싶어 안타깝기조차 하다.

시대 따라 영화 제작에 대한 패턴도 많이 달라졌다. 1960년대에는 스릴과 서스펜스의 귀재라 불렸던 알프레드 히치콕의 영화들을 즐겨보곤 했다.

“나에게 있어 영화에 대한 애정은 어떠한 도덕보다도 중요하다.” 라고 말했던 그는 자신이 제작한 영화에 자기 모습 한 장면을 꼭 끼워 넣음으로써 인기도를 높이는 묘수를 쓰기도 했다. 히치콕은 「현기증」 「새」 「사이코」등 두려움과 놀라움을 통해 관객을 조종하는데 완벽히 성공한 사람이라 할 수 있다. 그렇게 공격적이지 않은 새가 떼 지어 인간을 공격하는 장면이 잘 이해되지 않아 「새」영화는 두 번을 연거푸 보기도 했다.

외부의 위협으로부터 시작된 혼돈이 더 이상 인간에게만 귀속되지 않고, 미래에는 새를 통하여 자연의 반란이 일어날 수 있다는 메시지를 묵시적으로 전달하는 내용이다. 새떼가 온 마을 지붕이며 창과 전신주 등에 앉아 인간을 습격할 채비를 차리고 있는 장면은 지금 생각해도 모골이 송연해진다. 작금에 일어나는 크나큰 자연재해를 볼 때마다 혼돈의 나락으로 떨어질 수밖에 없는 인간의 무질서와 교활함에 원인이 있는 것 같아 전율이 인다.

70년대에는 애정과 액션이 다분히 섞인 '007 영화'에 맛을 들여 소설을 사서 읽기도 하고 영화로도 감상했다. 또 감독을 선별하여 영화를 보던 때도 있었다. 평이 좋은 영화를 보고 큰 감동을 받으면 그 감독의 작품만 골라서 보는 객기를 부렸다.

아카데미 작품상과 감독상을 세 차례나 수상한 윌리엄 와일러 감독은 거의 모든 장르에 걸쳐 거장이었다. 멜로드라마 「폭풍의 언덕」, 사회극 「우리 생애 최고의 해」, 뮤지컬 「퍼니 걸」, 시대극 「벤허」 등을 보았고, 1981년 그 감독이 타개했을 때는 입맛이 떨어질 정도였다.

영화는 종합예술의 극치라 할 수 있다. 작품·음악·미술·사진·의상에 이르기까지 모든 구성요소가 결합하며 배우들의 일사분란一絲不亂한 연기로 제작된다.

좋은 대작 한 편의 영화가 우리나라 일 년 예산에 버금가는 수익을 올리는 미국 영화계의 소식을 듣다보면 어안이 벙벙해진다.

요즘에도 책을 읽다가 지루하다거나 기분이 우울할 때면 곧장 영화관으로 달려간다. 약간의 간식과 캔 커피 하나를 들고 화면을 주시하는 순간이 참 행복하다. 관람료도 경노우대권으로 성인 요금의 반값만 받으니 얼마나 고마운지. 웬만한 영화관에서는 매표원 아가씨들이 나를 알아보고 인사를 하기도 한다. 영화보기를 취미로 가진 것이 무척 다행스럽다. 별 것 아닌, 그 취미 하나만으로도 평상심이 조절되니 타인에게 폐 끼칠 염려가 없어 좋기만 하다. 먼 훗날 육신의 움직임이 둔해지더라도 눈과 귀가 제 역할을 하는 한 나의 삶에서 '영화보기' 끈은 계속 이어질 것이라는 생각이 든다.

무지가 빚은 오만과 편견

귀에 이상이 생겼다.

삼일 전쯤 소파에 왼편 모로 누워 TV를 시청하는데 소리의 공명共鳴이 갑자기 먼 곳으로부터 들리듯 아득하게 느껴졌다.

손가락, 솜 등으로 오른쪽 왼쪽 귀를 교대로 막으며 몇 번이나 시험을 해도 역시 오른쪽이 잘 들리지 않는다. 정확히 며칠 전부터인지는 모르겠으나 아침 등산 후 샤워를 하면서 귀에 물이 들어간 게 아닌지 막연히 생각되었다.

여태껏 살아오면서 오감의 기능만큼은 꽤 좋다고 여겼는데 큰 충격이었다. 이러다가 한쪽 귀의 기능을 혹시 잃지 않을까 겁이 덜컥 나서 퇴근한 남편에게 얘기했다.

남편은 대수롭지 않게 여기며 자기도 어느 때인지 그런 증세가 있어 이비인후과 병원에 갔다고 했다. 치료는 깔때기 모양의 기구를 귀에 대고 공기와 하얀 가루약을 불어넣는 단순한 방법이란다.

우리 동네에는 이비인후과 병원이 없어 걱정을 하니, 그럼 집 가까운 곳에 있는 소아과 전문의한테 가도 그런 간단한 증세쯤이야 치료할 수 있을 거라며 가보란다.

이튿날 아침 진료시간에 맞춰 일찍 소아과병원에 갔다. 간호사에게 증세를 얘기하고 혹시 진찰을 받아볼 수 있겠느냐고 물었다. 그녀는 원장님께 여쭤보겠다며 진찰실로 들어가더니 이내 들어오라고 한다.

50대 초반으로 보이는 여의사가 입을 벌려보란다. 귀에 이상이 있는데 왜 입을 벌리라는 것인지 약간 의아한 표정을 지으며 시키는 대로 따랐다. 의사는 혀를 누르고 목구멍을 보더니 많이 부었다고 말하며 주사를 놓고 이틀 분의 약을 처방해주었다. 순간 귀가 잘 안 들리는데 목구멍을 왜 보는가싶은 의아심이 생기고, 간호사의 말을 잘못 전해들은 것 같아 "한쪽 귀가 잘 안 들리는데요?" 라며 다시 반문했다.

의사는 "귀와 통하는 관이 부었어요." 하는 어투와 얼굴 표정이 꽤 싸늘하게 느껴진다. 환자가 이해할 수 있게 한마디 말도 없이 처치해 놓고, 환자의 질문에 성의 없이 대답하는 어감이 별로 좋지 않았다.

나는 인사를 하는 둥 마는 둥 병원 문을 나서며 이비인후과 병원을 찾아보기로 했다. 처음부터 병원을 제대로 찾지 않은 나의 불찰도 있었지만, 의사의 태도 또한 불손하게 느껴져 기분이 상했다. 엄토당토않은 병원에 가보라고 한 남편부터, 그렇다고 소아과로 간 나 자신이며, 자기의 전공분야가 아니면 진료하지 말아야 함에도 환자를 받은 의사 모두에게 잘못이 있다는 생각이 들었다. 병원 문을 나서기가 바쁘게 "엉터리 의사 같으니 귀가 안 들리는데 목구멍을 왜 봐!" 중얼거리며 한참을 걸었다. 생각해보니 진료도중 의사를 불신하는 듯한 나의 표정에 상대방도 기분이 상했으리라 싶었다.

앞으로 살아가면서 절대로 남을 원망하거나 비방하는 말은 삼가고 칭찬의 말, 감사의 말을 하며 남을 사랑하자는 다짐을 하고선 또 어겼다는 자책감으로 마음이 편치 않았다. 사실 오늘 사건의 발단은 내가 원인 제공을 했기 때문이다. 아침부터 유쾌하지 못한 기분으로 하루 종일 진료를 해야 할 그 여의사에게 미안한 생각마저 들었다.

내가 의술공부를 한 것도 아닌 이상 신체구조나 몸의 모든 부분들이 연계를 가진 기능역할을 제대로 알 리 없는, 무지와 편협한 생각이 빚은 오만이었다.

소아과 선생의 말도 일리가 있을 것 같았다. 의사라면 기본적으로 몸의 어느 부분이든 기초의학 공부는 다 했으련만 소아과의사가 이비인후과 분야를 어찌 알 수 있겠느냐는 편견이 의사를 무조건 불신하는 오류를 빚었다.

우리는 자기가 아는 만큼 생각할 수밖에 없는 영역 속에서 행동하고 살아가며, 남의 사상이나 의견을 잘 받아들이지 않으려는 아집과 속성이 있는 것 같다.

인간의 사고능력이란 결코 무한할 수 없는, 한계의 벽에 부딪쳐 좁아지고 작아지는 데서 부족한 자의식自意識을 새삼 발견하게 되는 것 같다.

자신을 질책하며 걷다보니 딴 동네 초입에 이비인후과 병원 간판이 보였다. 진찰을 받는데 "입 벌려라"는 말은 아예 하지도 않고, 의사는 남편 말대로 귀에 공기를 주입하고 후비며 적외선을 쬐어준다. 그러면서 주사를 맞고 약을 준다기에 주사 맞기가 싫어 좀 전 일을 얘기했다.

의사 선생님은 웃으며 약만 받아가되 소아과에서 처방한 약은 먹지 말라고 했다. 하지만 소아과 병원에서 처방해준 약을 먹지 않으면 여의사를 무시하는 것 같은 생각이 들어, 두 병원 약을 다 먹고 청각 시험을 했다. 그런데 인체의 구조가 얼마나 신기한지 왼쪽 귀에선 정상적인 고음이 들리는데, 오른쪽 귀에선 한 옥타브 낮게 들린다. 동창모임에서 내 얘기를 들은 친구들은 "딴 사람들은 일관된 음색으로 들리는데, 너는 양 귀에서 소프라노·알토가 섞여 나오니 얼마나 조화롭게 들리겠느냐?" 면서 깔깔거린다. 그러나 역시 갑갑하게 느껴진다.

악성樂聖 베토벤은 양귀의 청력을 잃고도 어떻게 아름다운 불멸의 곡들을 작곡할 수 있었을까? 그가 작곡할 때 피아노 다리를 최대한 낮게 잘라 피아노를 마루에 밀착시켰다고 한다. 피아노를 두드리면서 귀를 마룻바닥에 대고 바닥에서 울리는 소리의 진동으로 작곡했다는 사실, 그를 어찌 인간이라 말할 수 있을까? 감히 신에 근접한, 위대한 사람이라 할 수밖에 없는 존경심이 우러났다.

그 정도의 증세로 법석을 떨었던 나는 짧은 지식의 한계 속에서 빚은 오만과 편견으로 남을 비판해서도 안 된다는 점을 깊이 뉘우치고 반성한 날이다.

며칠 뒤 귀에 관한 의학사전을 들춰보니 '편도선이 부었을 경우 중이염이 올 수도 있다' 는 내용이 쓰여 있었다.

사랑이 부족하면 의심이 생긴다더니, 하나님 용서하시옵소서!

제2부 녹음의 낭만

서울 서울 서울

연일 30도를 오르내리는 불볕더위의 서울은 가히 찜통을 연상케 한다.

열기를 머금은 아스팔트에 걸음을 내딛는 발목이 후끈거린다. 서울의 도심 기온이 밤에도 내려가지 않는 이유는 고층 건물 콘크리트 벽에서 낮 동안 머금은 열이 잘 빠져나가지 못한 때문이란다. 피서지로 떠난 차량들 덕분에 한결 여유로워진 거리 풍경이다. 소음이 난무하던 일상의 모습과는 달리 탁 트인 도로 위에 평소 거북이걸음 같던 차들의 속도도 오늘은 빠르기만 하다.

광화문 네거리에서 '서울특별시립박물관'까지 천천히 걸음을 옮기며 이 순간처럼 내가 한가로운 적이 있었나싶은 생각이 든다. 어린 시절부터 나의 걸음은 무척이나 바빴다. 만만찮은 세월의 훈장을 목에 건 지금은 그리 설쳐댈 이유도 없건만, 몸에 밴 체질이라 마음은 늘 조급하다.

'서울 600년 기념 한성판윤전'을 보러 문을 들어서니 반가운 '한국고서연구회' 회원들이 반갑게 맞아준다. 회원 거개가 학계·출판계의 훌륭한 분들이며 옛 서책書冊을 아끼고 사랑하며 수집하는 분들이다.

한성판윤은 오늘날의 서울시장에 해당하는 조선 시대의 직위다. 이번 전시회는 한성판윤이 남긴 유물들을 통하여 수도로서 한성부의 기능과 역사, 그리고 수준 높은 서울의 문화를 재조명하기 위한 목적으로 열렸다.

회원 중에는 숙종 재위기간(1675~1720) 다섯 번의 판윤을 지낸 강현과 그의 아들 표암 강세황도 정조 7년(1783) 판윤을 지냈으며, 그 후 정경을 지낸 또 한 분의 선비를 배출한 가문의 직계 자손이 계신다. 표암 선생은 시문에도 탁월하고 특히 미술사에 손꼽히는 분이셨다. 오사모에 옥색도포 차림의 전신부좌상(보물 590-1호) 자화상도 이번 전시회에서 볼 수 있었으며, 풍속화가 김홍도의 스승이셨다.

훌륭한 조상을 둔 회원 강경훈 님이 소장한 조상의 인장과 백여 점의 간찰簡札 중에서 여러 점이 전시되었음에, 강 선생과 같은 회원으로 활동하는 것만으로도 나는 기분이 좋았다.

서울 정도 600년 동안 태조 4년(1395)에 취임한 성석린成石璘을 필두로 현 서울시장은 1448번째다. 조선 시대에는 한성판윤이 왜 자주 체직滯職되었는지 모르겠다. 그러나 왕권쟁탈이 분분했던 불행한 역사의 흐름과 이조 후반기의 일제침략 등 파란 많은 정치사와도 무관하지 않나싶다. 고종 11년(1874)에는 1년 사이 열 번이나 바뀌었고, 철종 때 김좌근, 고종 때 이기세와 한성근, 임응준은 가장 단명하여 1일 시장에 끝난 사례도 있다.

조선왕조가 무엇 때문에 이곳 서울에 도읍을 정하고 나라의 터전을 닦았을까 하는 점에선 빼어난 자연환경 조건이 왕도로서 적임지가 될 수 있었다고 한다. 삼국 시대나 고려시대에도 서울지방의 지리적 조건을 놓고 극찬한 선현들이 있고 보면, 수백 년이 지난 조선 초기에 와서야 실천에 옮길 수 있었던 심리적 배경은 이미 형성되지 않았나 싶다. 왕도는 산하 형세, 국토의 중심 지역, 국방상 방어 조건, 교통 등 모든 조건이 합당한 곳으로 충족되어야만 했다.

서울의 옛 모습을 그린 것은 현재 확인된 것이 95점으로 80점 이상이 18세기 실경산수화가 겸제 정선의 작품이다. 요즘의 화학물감이 나오기 전이라 천연물감인데도 색상이 어쩌면 그리 곱고 선명한지 놀라웠다. 중국에서 건너온 당채였지만 몇 백 년을 견딘 종이며 색체는 자연적인 재료여서 인지는 모르겠으나 마음에 와 닿는 느낌이 매우 포근했다.

19세기 중반 유숙이 그린 세검정도洗劍亭圖를 보매 정자 왼쪽 언덕에 송림이 우거지고 장마로 불어난 계곡물이 시원스레 흘러내리는 풍경이다. 아~! 그리운 옛날이여! 저 맑은 물이며 공기를 이 찌든 서울 하늘 어느 곳에서 찾을 수 있단 말인가?

백여 년 전 영국 왕실 비숍 여사가 이 나라의 경치에 반하여 네 차례나 한국을 방문하여 남긴 글에도 금수강산을 노래했다. 이토록 비대해진 현재의 서울 모습은 찌든 공기로 우리의 숨통을 조여 온다. 공기뿐이겠는가. 모두가 닫힌 마음으로 각자의 논리며 고집으로 무장되었다.

정치적 면에서도 젓가락으로 돈을 집어주었던 과거 우리네 선비들의 고매한(?) 품격이 지금의 정부가 들어서기까지 온고지신溫故知新이란 철학으로 세종로 1번지에 보존되어 온 것은 아닐까? 인사만사人事萬事는 결코 정치사의 철칙만이 아니리라. 모두가 "내 탓이요!"라는 책임 자세가 이 사회의 패러다임이 될 때, 정직이 강물처럼 흐를 때 정치·경제·행정·교육·가정도 희망이 생길 것이라는 생각이 든다. 그날 서울시장이 한 무리의 인사들을 거느리고 전시회를 관람하러 왔다. 역시 예나 지금이나 벼슬자리가 얼마나 선망의 대상인지 실감나는 순간이었다.

약간의 감동마저 일어나는 선조의 발자취를 보고 나니, 세월은 지나고 보면 권세도 욕망도 한낱 물거품 같다는 비애가 몰려 왔다. 나는 마음속으로 자신을 향하여 '버리자'고 외쳐대었다. 한 뼘도 못 미치는 목에 마치 깁스라도 하듯 꼿꼿했던 알량한 자존심도, 무모한 경쟁심도 버리자고.

관람이 끝난 후 B출판사 회장님께서 일행에게 사주신 시원한 맥주를 두어 잔 마시고 나니, 알딸딸한 기분 속에 버릴 것과 취할 것이 무엇인지 분명해진다. 책을 읽고 글을 쓰자. 선비를 조상으로 두어 나를 문학의 길로 이끌었으리라는 작은 우월감마저 버리자고 마음먹었다. 다만 겸허하게 살리라 다짐해본 날이다.

의미 있는 하루, 많이 느끼고 기분 좋은 토요일 하오, 연정이라도 일듯 한 황홀감이여! 결코 맥주 한 잔의 취기醉氣만은 아닐 터이다.

청춘 예찬

잠이 깨자마자 컴퓨터를 열고 외손자의 소식부터 찾는다. 큰 외손자가 일 년 간의 세계 일주에 나서 50개국을 돌겠다며 장도長途에 나섰다.

외손자는 중2학년 때 중국 북경으로 유학하여 중고 시절을 보낸 후 대학 역시 그곳에 적을 두었다. 대한민국 남아로 병역의무를 마친 후 복학하려니 9월에 개학하는 중국의 교육체제와 맞지 않아 공백기가 생겼다. 그래서 우선 자신이 계획한 삶의 첫 단계를 실행하기 위해 몇 년 간 아르바이트를 하여 모은 돈으로 2013년 6월 3일 출국하였다. 첫걸음은 러시아로 정하였는데 뜻밖에도 아프리카 케냐로 가는 항공료가 평소에는 200만 원 정도인데, 단돈 40만 원에 갈 수 있는 기회가 생겨 행선지를 바꾸었다.

아프리카-스칸디나비아-유럽을 거쳐 출국 7개월이 다가는 현 시점에서 남미로 여행 중이다. 브라질을 거쳐 37개국째 아르헨티나를 여행 중 불행히도 컴퓨터, 카메라며 여권을 날치기 당하여 그간 찍은 사진이며 많은 글을 잃은 불운을 맞았다. 잘 해결하리라 생각하지만 그 소식을 들으니 나는 속이 무척 상했다.

나는 손자들만 보면 가슴이 설렐 정도로 행복해진다. 녀석은 어릴 때 내가 우리 집에서 몇 년간 돌본 적이 있었다. 초등학교 일 학년 가방을 메고 내 손을 잡고 등하교를 하여서인지는 모르겠으나 나와 생각이 잘 맞고 이 할미를 무척 사랑한다. 지금도 "내가 제일 좋아하는 음식은 할머니의 김치볶음밥이며 여행 중에도 고기 위주의 식단이라 그 음식이 생각난다." 라고 말했다.

2008년 북경 올림픽이 열리기 전, 올림픽 자원봉사요원으로 발탁되어 고국에 올 기회가 없었지만, 할머니가 보고 싶어 잠시 다녀간다며 우리 집을 찾은 적이 있다.

더운 여름날 샤워를 하고 나오는데 수건도 걸치지 않은 건장한 청년이 알몸으로 거실에 나와 내가 기겁을 하고 놀라서 소파에 털썩 주저앉은 적이 있다. 그런데 녀석은 웃기까지 하며 "할머니 왜 그러세요?" 라며 아무렇지도 않은 듯 자연스럽게 말했다. "너 부모 앞에서도 그렇게 나오니?" 하고 내가 물으니 "아니요. 지금은 할머니잖아요. 할머니는 무엇이든 다 이해하잖아요." 라면서. 그 순간 자기의 치부를 내보일 수 있을 정도로 할머니를 인식한다는 그 자체, 수치스런 행동을 한 적 없는 순결한 모습을 내보인 것 같아 나는 감동이 왔다.

몇 년 전 일본에 사는 작은아들의 초청으로 친손 외손을 다 데리고 일본 여행을 한 적이 있었다. 오사카 시내에 이르러 길눈이 무척 어두운 나를 보호하느라 내 손을 꼭 잡고 다니며 할머니부터 챙기던 고마운 녀석이다.

이집트의 알렉산드리아 도서관에 가보려고 삼 일을 갔다가 이집트 정국의 소요 사태로 들어가지 못하고 도서관 옆 서점에서 파울로 코엘료의 영문판 소설 『The Zahir』를 한 권 샀다고 한다. 책을 펼치니 '인간은 두 가지 중요한 문제를 안고 있다. 하나는 언제 시작할지를 아는 것이고, 다른 하나는 언제 멈출지를 아는 것' 이라는 구절을 적었으며 '자신의 행동을 컨트롤하는 사람은 자기 자신뿐' 이란 의미 같다며 앞으로 자신의 인생에 지침으로 삼겠다' 는 심정을 밝혔다.

이집트에서 손주가 원하는 곳을 못 본 점은 아쉽지만, 계획에도 없던 '세계스킨스쿠버다이버' 시험에 합격하여 자격증을 딴 성과는 뜻밖의 횡재다. 스킨스쿠버 복장을 하고 바다 속에서 산소를 내뿜으며 유영하는 사진이 들어와 나는 복사를 해두기까지 했다.

루마니아의 '브라쇼브' 란 도시는 드라큘라 城(브란캐슬)으로 유명하며 '드라큘라' 라는 테마 하나로 벌어들이는 관광수입은 엄청나다고 한다. 길에는 드라큘라를 모티브로 한 기념품들이 넘쳐난단다. '허구에 불과한 얘기라도 예술이란 옷을 입혀 각색脚色을 잘 하면 문화 관광 자원으로 손색이 없겠다.' 는 생각이 들었단다.

사진과 글을 곁들여 보내오는 녀석의 메시지를 읽을 때마다 문장력도 썩 좋아서 나를 감탄시킨다. 평소 독서와 그림 그리기를 좋아하는 모든 조건들이 여행이라는 테마와 잘 어우러진 것 같다. 그런데 이탈리아 여행 시 사진 공모 소식을 우연히 듣고 에디오피아에서 찍은 사진 한 편을 출품했는데, 우수상을 받았다고 한다.

심사평은 이랬다. '해지는 오후 축구공을 든 아이의 실루엣과 뒤로 보이는 나무와 도시의 풍경이 대비되어 분위기 있는 사진이 나온 것 같아요. 여행 중 마주하게 되는 웅장한 풍경 사진보다는 촬영자가 만나게 되는 소소한 감정들이 잘 드러난 사진이라 참 좋았어요.'

오스트렐리아 여행 시, 아이들이 자유스럽게 공부하며 여행하는 모습을 보고 쓴 글에서는 '우주를 가보고싶지만 영어도 해야 하고, 피아노와 미술 학원에도 가야 해서 저는 못 갑니다. 한국에서 자라는 아이들의 적나라한 현실이 아닐는지. 내 부모님이 그러셨듯 나는 내 아이들을 닦달하지 않으련다. 야야! 현실을 직시하고 모르는 소리 좀 하지 말라고? 급을 높이라고? 사람에 급이 어디 있나? 나 원 참! 굳이 뭘 닦달해서 뭔가를 배우게 해야겠다면 개리처럼 사랑 3단이라든지 베품 3단, 유머 2단, 센스 3단, 매너 2단, 자립심 3단, 꿈 7단, 용기 3단, 겸손 5단 등등. 그리고 먼 후일 내 아이들 배낭 맬 힘과 발에 꼭 맞는 운동화 끈 하나 단단히 매주는 것이 내가 아이들에게 해줄 수 있는 몇 가지 안 되는 것들 중 하나다.' 라고 썼다.

외손자 두 녀석에게 한 번도 학원에 보내지 않던 딸의 교육 방법에 나는 당황했던 적이 여러 번이었다. 교회의 반주자에게서 피아노만 배우게 하던 딸의 철학에 나는 적잖은 회의를 느끼곤 했는데, 손자 스스로 많은 독서를 하는 가운데 사고력이 깊은 아이로 성장한 것이 그저 고마울 뿐이다.

폴란드에서는 예전 삼촌과 인연이 있는 근무지에서 한 달간 아르바이트를 하고 용돈을 더 마련하여 스페인으로 향했다. 나는 녀석의 여행 출발 때부터 걱정을 많이 했는데 제 앞가림을 잘 하는 것 같아 요즘은 마음이 편안하다.

이제 칠순이란 나이를 먹고 보니 누구에게든 칭찬을 아끼지 않고, 정신적 사랑도 가능한 한 많이 주리라 결심한다. 내가 녀석들이 장성하여 사회생활을 할 때까지 이 세상에서 생명을 유지하고 있을는지는 모르겠다. 하지만 나의 기도는 나라를 위한 기도도 있지만, 손자들의 평탄한 미래를 염원한다.

인간은 한 치 앞을 모르면서도 앞날을 알고 싶어 안달한다. 인격수양이 얼마나 중요한지 느끼는 요즘이다. 다른 사람의 행복을 진정으로 기뻐해줄 줄 아는 인격인, 누군가 내게 잘못했을 때 내게도 어느 정도 책임이 있다는 걸 시인할 줄 아는 사람으로 거듭나기 위해 수양을 쌓으려고 마음의 준비를 한다. 타인과의 관계에서도 나의 마음속 사랑을 주고 싶은 시기의 연령인데, 손자들에게는 오죽 하겠는가.

일본 작가 무라카미 하루키는 "여행이 자신을 키웠고, 여행에서 풍부한 정신적 교양과 판타지를 얻으며, 여행에서의 감동은 웃게도 때로는 눈물을 흘리게도 하며 글을 쓰게 만든다." 라고 말했다.

'신이 세상에서 제일 처음 만든 말이 여행, 그 다음이 노스탤지어'란 글을 읽은 적이 있다. 어쩌면 인생 그 자체가 여행이며, 누구나의 가슴에 고향을 그리는 마음을 지니고 살기에 그러지 않나 싶다.

일 년간 50여 개국을 돌아본 후에는 몸과 마음이 몰라보게 자랐을, 정신적 자산까지 배낭에 넣어 어깨에 메고 의기양양하게 돌아올 것이다. 이 할미의 소망은 명예나 권력보다도 정의롭고 품격 있는 시민으로 살아가기를 기원할 따름이다.

★큰 외손자, 고등학교 졸업 시 한자漢字 800자 산문 장원狀元작품

〈중국에서의 나의 경험〉 漢字 800자 隨想文

'내 인생의 사춘기'

–부제(부모님을 향한 내 마음)

나는 한국에서 왔다.

중국 북경에 도착한 때가 2006년 여름, 내 나이 15세였다.

그때까지만 해도 한창 어린, 철없던 아이가 낯선 땅에 발을 내디뎠다. 그때 난 유학이 그저 돈 많은 사람들의 전유물인 줄로만 알았던 유학의 반열에 내가 들어서게 되었다는 생각으로 겉멋만 잔뜩 들어 들떠있었다. 마냥 신이 나 인천공항에서 부모와 헤어질 때도 서운한 감정 따윈 추호도 못 느끼며 부모님과 포옹 한 번조차 제대로 하지 않고 온 나였다. 내 유학생활은 그렇게 시작되었다.

그 동안 부모님의 사랑과 관심 아래 살았던 나는 유학 생활을 하게 됨으로써 고삐 풀린 망아지나 다름없었다. 어찌됐든 나는 '자유'를 얻었다.

내 또래 15세 아이들이 모두 원하는 '자유'라는 것을 얻은 나였지만, 이 '자유'라는 것은 나 혼자 스스로 모든 것을 감당하고 책임져야 한다는 의미이기도 했다는 것을 난 이제야 깨달았다. 어떻게 보면 내게 왔던 자유란 달콤한 꿀로 가장한 치명적인 독 같은 '양날의 검'이 아니었을까 싶다. 하지만 당시 철없었던 나는 달콤할 줄로만 상상했던 그 검을 손에 쥐었다. 한국에서 내 또래 아이들이 공부로 스트레스 받고 사춘기를 핑계로 짜증내고 불평불만에 부모와 싸우며 갈등할 때 난 그 검을 겁 없이 휘두르며 마냥 신나게 놀았다.

시간이 지나고, 정신을 차렸을 땐 난 이미 상처투성이였고 아무것도 모르고 휘둘렀던 그 검의 대가는 지금까지 후회할 정도로 치명적인 것이었다.

그때 내 나이 아이들이 과중한 공부의 스트레스로, 사춘기라는 시절을 부모 곁에서 부모와 부딪치며 갈등하면서도 서로 얘기하며 털어놓고 화해하는 이 모든 과정들이 그 아이를 더 성숙하게 하고 발전되게 한다는 것을 난 모르고 있었다. 뒤늦게 깨닫고 내 자신을 뒤돌아 봤을 때는 감정표현에 서툴고 내 자신만 생각하는, 이기적인 겉모습만 자란 어린 아이에 불과했다. 친구들이 자기 꿈을 향해 앞으로 달려갈 때 난 앞으로 가기는커녕 제 자리 걸음만 했던 것이다. 1년이 조금 넘는 내 인생의 '사춘기' 라는 시간을 난 그렇게 바보처럼 허비해 버렸다.

그 후 3년 반이라는 시간 동안 나 나름대로 열심히 달려왔다. 하지만 난 아직도 순간순간 내 성숙하지 못한 모습에 놀랄 때마다 그 바보 같은 시절을 떠올리고 또 후회하고 반성할 때가 많다. 지금 되돌아보면 어린 시절 부모님의 관심과 사랑을 간섭과 참견으로 오해하고 귀찮아했던 내가 얼마나 어리석었는지 한없이 부끄러울 뿐이다. 며칠 전 한국의 어버이날이었다. 부모님과 가까운 친족들과도 통화했다.

어머니, 아버지랑 통화하면서 그냥 그렇게 너털웃음만 지으며 무덤덤하게 끊었다.

'지금까지 키워주셔서 감사하다고, 항상 건강하시라고, 정말 사랑한다고…' 이 짧은 말이 혀끝까지 차올랐지만 결국 말하지 못했다. 짧은 말이지만 입 밖으로 표현한다는 게 얼마나 쑥스럽고 부끄러운지. 나는 또 후회했다. 내가 마치 바보 같다는 생각이 들었다. 감정표현 서툰 나에게 주어진, 1년에 한 번뿐인 기회를 그냥 놓치고 말았다. '멍석 깔아주니 더 못 한다' 는 한국의 속담이 생각난다.

그날만큼 부모님께 애정표현하기가 얼마나 자연스런 날인가! 두 분, 섭섭하게 생각지 마시고 이런 내 마음 말하지 않아도 당신들은 다 알아주길 바랄 뿐이고, 다 알 거라고 믿는다며 그렇게 나 스스로를 위로했다.

이 짧은 말, 1년을 또 기다려야 되겠다. 1년 또 기다린다고 말할 수 있을지는 의문이지만. 아무튼 겪어보지 못한 사람들은 모른다. 가족과 같이 있다는 것 자체가 얼마나 행복한 건지.

난 가족과 오랫동안 떨어져 생활하면서 이런저런 서로에 대한 오해도, 난 불행하다고 생각한 적도 많았지만 여러 상황들을 통해서 가족의 소중함도 알았고, 가족의 사랑도 느꼈다. 무척 늦었지만 이제라도 깨달았고 여기까지 달려온 원동력이 가족이었다는 사실에 감사할 따름이다.

이렇듯 내게 어수선했던 '사춘기'는 비록 허무하게 보내버렸지만, 많은 것을 깨닫게 해준 소중한 나의 시절이었고 오늘의 나를 있게 해준 경험이었다.

유월의 녹음 속에 느끼는 역사의 숨결

('서울시티투어버스' 승차 체험기)

서울시에서 발행하는 홍보용 잡지『서울』에 게재揭載할 글 한 편을 써달라는 청탁을 받았다. 내가 써야 할 내용은 '서울시티투어버스'에 관한 부분이다. 초록 물결이 넘실대는 유월 한가운데 광화문에서 출발하는 투어버스를 탔다.

조선왕조의 수도였던 서울은 오랜 역사와 전통 문화를 간직한 도시다. 서울의 심장부이며 숨구멍이기도 한 남산을 중심축으로 사통팔달, 거미줄처럼 얽힌 도로 사이로 서 있는 빌딩 군은 국제도시로서의 면모를 유감없이 발휘한다. 멀지 않은 거리를 두고 경복궁·경희궁·덕수궁·창경궁·창덕궁 등 5대 궁을 도심에 둔 서울은 고대와 현대가 어우러져 공존하는 도시로 참 아름답다.

외국인들과 인터뷰를 해보면 그네들이 알고 있는 서울의 면모를 '등잔 밑이 어둡다' 는 속담처럼 정작 서울시민은 잘 파악하지 못하고 살아간다는 느낌을 받는다.

그럴 때마다 시간에 쫓겨 바쁨의 연속성에서 탈피하지 못하는 현대인이 딱해 보일뿐이다. 유월의 녹음 속에 잠시 일손을 멈추고 하루쯤 '서울시티투어버스'를 타고 서울의 관광명소를 돌아보는 기회를 갖는 것도 삶에 활력소가 됨직하다. 번잡하므로 잃어버렸던 마음에 평정을 되찾고, 자연과 동화될 때 느끼는 정체성正體性에서 자신의 삶을 관조해보는 기회가 될 지도 모를 일이다.

광화문에서 출발하는 투어버스에는 도심순환코스와 고궁코스가 있다. 현재 대형 버스는 아홉 대가 오전 아홉 시부터 30분 간격으로 운행되며, 버스는 천연가스로 차내 공기가 맑고 좌석 간격이 넓어 쾌적하고 편안하다. 좌석 앞쪽에는 4개 국어(한·영·일·중)의 통역기가 있어 헤드폰으로 원하는 나라 언어를 선택하면 해석되기에 언어상 불편은 없다.

덕수궁 대한문 앞과 창덕궁 돈화문 앞에서 치루는 '왕궁수문장교대식'은 이제 우리나라 관광대표상품 1위로 부상하고 있다. 궁궐 주변을 순찰하던 순라군巡邏軍이 교대하기 위해 궁궐 문 앞에 도착하면서 시작되는 의식은 장엄하리만치 절도 있고 엄숙하다. 빨강 파랑 노랑 등 색색이 곁들인 두루마기 형태의 장長옷을 입고 술이 달린 모자며 장신구 등은 참으로 이채로운 광경을 연출한다. 나팔, 나각, 태평소, 싱, 용고, 엄고 등으로 합주하며 열을 지어 들어오는 모습을 카메라에 담으려고 몰려든 외국관광객들은 이국의 전통의식에 매료된 듯 신비로운 눈빛으로 셔터를 눌러댄다. 의식이 끝나기가 무섭게 근엄하게 서 있는 수문장과 기념사진을 남기기 위해 대기하는 관광객들을 보노라면 왠지 흐뭇하다.

교대식을 구경하던 영국 국적의 모자母子에게 감상을 물었다. "영국왕실의 근위병 교대식보다 더 화려하고 품위 있는 한국의 전통 궁중 문화 재현 행사에 감탄했다."는 말에 우리 문화의 긍지가 느껴지기도 한다.

창덕궁은 서울의 5대 궁궐 중 가장 잘 보존된 모습으로 유네스코 '세계문화유산'에 등재된 우리나라의 건축문화 유산이다.

가장 한국적인 거리라는 인사동을 지나 청와대도 한 번쯤 돌아볼 만한 곳이다. 정치인들에게는 꿈의 전당이요, 정치의 중심부로 영욕이 함께 어우러진 곳이긴 하나 백악산을 뒤로 하고 넓게 잡은 청와대 주변 경관은 아름답다.

당대 최고의 건축술을 보여주는 조선 시대 대표적 건축물 경복궁 모습에 감탄하며 서울역사박물관을 둔 경희궁을 거치다 보면, 우리 역사의 숨결을 느끼게 되고 역사의식에 대한 지식 습득에 한층 업그레이드된 기분마저 든다.

고궁 순례를 마치고 광화문으로 돌아와 도심순환코스를 탔다. 바깥기온이 섭씨 27도라 더운 기가 감도는 체온이 차내 온도로 금방 낮아진다. 중국 보따리 상인으로 북적대던 남대문시장이 전염병 '사스' 때문에 한산해진 광경을 뒤로하고 전쟁기념관, 이태원, 남산한옥마을 등을 거처 남산타워에 오른다. 복잡한 도시의 심장부에 이런 숲이 있다는 게 얼마나 다행인가!

해발 480m에 자리한 남산서울타워는 세계 제3위의 높이로 회전식 레스토랑, 영상관이 있으며 서울 전체를 한눈에 내려다볼 수 있는 전망대가 갖춰졌다. 서울=복잡이라는 등식을 가진 일반적 관념에, 남산에서 약간의 위안을 받고 내려오는 기분이 상쾌하다. 차 안에서 일본 사이따마현에서 온 젊은 남성과 미국 라스베가스에서 온 중년부인과의 인터뷰에서도 시티투어버스의 요금이나 코스, 시간 배정에 대한 불만은 없었다. 한 무리의 초등학생들이 버스에 올라 뒷자석에 앉았다. 그런데 큰소리로 어떻게나 떠드는지 외국 관광객들 보기에 민망할 정도였다.

한국에 대한 외국인들의 인식이 좋은 것만은 아니라고 하던 안내자의 말이 생각났다. 남에게 폐를 끼치지 않는 의식이 언제쯤 자리 잡을까 생각하니 가슴이 답답하고 걱정스러웠다.

하얏트, 타워, 신라호텔을 경유하여 동대문시장의 관광안내소를 찾았다. 이 버스를 이용하는 관광객 중 영어권이 가장 큰 비중을 차지하고 다음으로 일본인이란다. 그런데 동대문시장에서 쇼핑 후 고궁버스를 타려면 광화문까지 다시 돌아가야 하는 점을 불편으로 삼는다고 했다. 두 코스의 버스 노선을 보니 인사동 지점에서 연계할 수 있을 것 같아 조언해주고, 관광객들의 불편을 속히 해소하여 나라 발전에 일조하는 시티투어버스가 되기를 고대했다.

주말이나 공휴일에 가족나들이 코스로 이용하면 자녀들의 교육 차원에서도 큰 효과가 있을 것이다. 들리는 장소에 따라 각종 이벤트며 상품도 마련되어 있는 '서울시티투어버스' 에 많은 시민의 동참을 권유하고 싶다. 좋은 추억으로 간직할 하루의 여정에 감사한 마음이 하늘 높이 솟는다.

노년의 아름다움

1996년 8월, 여름 장마로 무더위와 연일 최대치의 불쾌지수를 기록하던 서울을 벗어나고 싶다고 염원하던 차 일본에 체류 중인 막내아들의 초청을 받았다.

장남과 큰 외손자와 함께 들뜬 마음으로 일본 여행에 나섰다. 비행 2시간 30분 만에 홋카이도(北海島) 관문 삿보로 뉴 지도세 국제공항에 발이 닿았다. 좀 전 상공에서 내려다 본 삿보로 시가지가 바둑판처럼 정돈된 모습에서 이곳이 계획된 도시 미관으로 형성되었음을 알 수 있었다.

농가의 풍경 또한 거대한 초록판 위에 작은 집 한 채씩을 꼭 집어다놓은 것처럼 질서정연한 모습이 일본인의 기질을 어렴풋이나마 짐작케 한다. 현지 기온이 섭씨 20도라니 서늘하게 느껴지는 체감온도가 정신을 맑게 한다. 깨끗한 거리에는 인적이 드물고 차도 별로 다니지 않아 정적감마저 감도는 듯했다. 지하철역마다 설치된 자전거 보관소에 많은 자전거가 늘어선 모습에서 이곳의 공기가 맑은 이유를 알 것 같았다. 서울거리의 모습과는 판이하다. 하기야 우리나라 남한 넓이보다 조금 작은 면적에 인구도 약 10분의 1정도이니 비교할 거리가 아니긴 하다.

서울엔 어디를 가든 웬 사람들이 그렇게도 많은지, 예전보다 풍족한 시대가 되었다고는 하나 현대인의 공복감空腹感은 여전하다는 생각이 든다. 큰 식당 방을 메우고 있는 아줌마들, 노래방과 사우나탕, 가는 곳마다 아줌마 부대로 연일 성시 중이다. 그들은 나이를 인식하면서 더 바삐 발걸음을 움직인다.

보아야 할 곳, 먹어야 할 요리도 많으며 방문할 곳도 많기 때문이다. 죽음에 대한 강박관념은 더 이상 늦으면 안 된다고 그들을 밀어붙인다. 그런다고 인간의 원초적 고독감이 사라질 수 있을까?

막내의 안내로 자신이 공부하고 있는 홋카이도 국립대학을 구경시켜주겠다기에 정문을 들어선다. 전통 100년이 넘는 이 대학은 역사에 걸맞은 고풍스런 건물과 어울리는 수목들, 장정 세 명이 손을 잡아야 둘레가 거의 맞는 고목들에 압도당한다. 잘 다듬어놓은 잔디며 수로를 따라 굽이치는 물결, 늘어진 수양버들 등 대학의 경내가 어찌 이토록 수려할 수 있는지.

일본 문부성에서 국비장학생들에게 베푸는 혜택은 공부하고 생활하기에 부족함이 없도록 보조를 해준다. 그 당시 연간 1,800만 원의 생활비까지 제공받으며, 방과 후에는 시간당 1만 엔의 아르바이트로 몇 시간씩 일을 했다.

막내는 일본에서의 공부가 끝나자 부모의 도움 없이 호주 유학비를 스스로 마련한 셈이다. 적지 않은 돈을 투자하면서 세계 여러 나라의 유학생들에게 교육 혜택을 주는 일본의 속내가 무엇이었던지간에 '대국' 이란 느낌을 지울 수 없었다.

대학 경내에 선 은행나무길이며 더 깊숙이 들어가면 만나는 황톳길 양 편으로 죽 늘어선 포플러 길은 일본 국내에서도 손꼽히는 관광명소라 한다. 세계의 사진작가들이 가장 선호하는 코스 길 위에 섰다. 수십 미터의 포플러 끝과 앞으로 죽 뻗은 황톳길의 삼각구도는 자연적이면서도 기하학적 사선을 이루어 미의 극치를 보여주었다. 나는 자연의 아름다움에 잠시 숨이 멎을 만큼 감동되고, 이 길 위에 서면 누군들 시인이 되고 화가가 되지 않을 수 있으랴 싶었다.

지난겨울 바로 이 장소에서 찍은 사진을 막내가 보내준 적이 있다. 무릎을 넘는 눈이 온 천지를 설원으로 만든 가운데 스키를 타던 모습이다. 포플러의 앙상한 가지만이 하늘로 죽죽 뻗어있던 광경에서 문득 미우라 아야꼬의 『빙점』이 생각났고, 언젠가 홋카이도를 한 번 가보리라 마음먹고 있던 터였다. 아쿠다가와 상을 수상한 작가의 문학적 사유 세계는 어쩌면 이처럼 장엄하고 아름다운 홋카이도의 경관이 안겨준 게 아니었나 하는 생각마저 들었다. 황톳길 너머로는 광활한 보리밭이 나오고 맥랑麥浪이 일렁이던 황홀한 광경에 취하여 감탄사를 연발한다. 세계의 많은 관광객들과 어울려 함박웃음으로 찍은 사진을 볼 때면 그때의 행복감이 몸으로 번지곤 한다.

일본 국비장학생들에게 학교 선택권은 마음대로 할 수 있다기에 나는 애초 동경대학에 가라고 권했다. 막내는 동경대학에는 한국학생들이 많아서 어울리다 보면 공부에 지장이 있다면서 홋카이도로 향한 게 오히려 잘했다는 생각이 들었다.

무수히 오가는 세계의 관광객들을 보며 자연은 제자리를 지키고 있는데, 바뀌는 건 인간이란 생각으로 잠시 비감에 젖는다.

길을 따라 앞쪽을 바라보니 이젤과 캔버스를 설치하고 포플러 길을 스케치하는 7,80대 노인들이 눈에 자주 뜨였다. 더러는 숲속에 앉아 독서를 하기도 하고….

그림을 보니 결코 아마추어라는 느낌이 들지 않을 만큼 색체나 구도가 잘 묘사되었다. 그들의 표정은 밝고 행복해 보였다. 늙었다고 자조하거나 자탄하지 않고 자신의 취미에 몰두하는 모습이 참 보기가 좋았다. 얼굴이 마주칠 때마다 천진한 아이처럼 웃는 모습에서 한 치의 위선이나 거짓은 찾아볼 수 없는 표정들이었다.

경제대국이라는 나라지만 국민의 일반적인 생활모습은 참으로 단조롭다. 1인당 주거용적률이 5평이면 되고, 거리에는 배기량 660cc의 앙증맞은 차들이 많이 다닌다. 잘 사는 나라라고 자만하지 않고 작은 공간 속에서도 불평 없이 살아가는 소시민적 모습이 참 아름다웠다.

시인 단테도 '생의 한가운데 불현듯 오도를 거닐었다고 깨달았을 때 엉뚱한 곳에서 생의 의미를 찾았다'고 했던가! 머나먼 땅 홋카이도의 노인들 모습에서 내 마음에 쌓였던 불순물이 정화되고 있는 것 같은 기분을 느꼈고, 진정한 생의 의미를 찾을 수 있었다. 인간답게 늙는다는 것이 어떤 모습인지를 보았다.

기력이 쇠잔하고 재물로도 우리의 신체 기능을 대신하지 못할 때, 힘든 고독을 과연 무엇으로 이겨내야 할까? 바쁘게 활동하며 자신의 존재를 확인하려는 우리의 이웃들을 보다가 그림이나 독서로 자신을 지킬 자양분을 축적하는 이곳 노인들을 보며 부러움이 일었다. 보람된 노년, 누가 가져다주는 게 아니리라.

마음속에 드리운 집착과 욕망을 걷어낼 때 비로소 지고지순한 세계가 열린다는 깨달음을 얻은 날이다.

아쉬움을 남기고

구경할 곳이 많은 북해도는 일주일의 기간으로도 부족한 느낌이 든다.

오늘은 걸으면서 갈 수 있는 시내의 교도바시 전자상가를 방문한다. 노인 아이 주부 등 많은 사람들이 게임기 앞에서 오락을 즐기고 있다. 우리도 어느 게임기 앞에서 잠시 오락을 즐겼는데 10분쯤 지나니 동전을 넣으라는 글이 뜨기에 돈 잡아먹는 기계라며 그만 둔다.

시내 한 복판의 공원 숲 안쪽에 붉은 벽돌의 2층 건물이 한 채 있는데 도청이라고 한다. 우리나라 구청 건물들을 보면 어리어리하게 크고 높아서 위압감마저 느낀다. 나는 그런 구청 건물들을 볼 때마다 왜 그렇게 크게 짓는지 이해가 안 된다.

우리나라 관공서 모습은 높은 담과 근엄하게 선 수위며 넓은 마당을 가득 채운 자동차들로 경직된 인상을 준다. 그런데 이곳은 담도 수위도 없고 많은 사람들이 자유롭게 놀러와 있어 그곳이 도청인 줄 상상도 못 했다. 군데군데 조성해놓은 호수 위엔 붉고 노란 꽃들이 수면을 장식하고, 아취 형 다리가 호수 사이를 연결한다. 호수 가장 자리에는 늘어진 수양버들, 인공미와 자연미가 어울린 풍광 속에 오리 떼며 비단 잉어가 노닌다. 유모차를 끌고 나온 주부며 호수를 스케치하는 사람들도 있어 관공서가 아니라 시민들의 놀이터 같은 인상을 준다. 사회 계층 간 문턱이 높지 않은 모습이 진정한 자유국가라는 인상을 받게 한다.

여름 축제 기간이라 넓은 거리에는 일본 전통의상을 입은 합주단이 북을 치며 거리를 행진하고, 경극 배우들 마냥 얼굴을 백색으로 칠한 기모노 의상의 아가씨 부대도 현란한 몸짓으로 시선을 집중시킨다.

양쪽으로 즐비한 상가의 상품들은 외국인의 호주머니를 비우기에 부족함이 없다. 어딜 가나 거리는 물로 씻은 듯 깨끗하다. 껌이나 담배꽁초는 눈을 씻고 봐도 찾을 수가 없다. 눈요기를 하며 걷다 보니 상가 끝에 일본 열도에서만 잡힌다는 큰 게 상점이 늘어서 있다. 우리나라 영덕 게와는 비교가 안 될 정도로 사람 머리통만 하다. 2kg 게 한 마리에 가격은 약 9-10만원, 4-5명은 거뜬히 먹을 수 있단다. 외손자가 하도 신기해하여 한 마리를 들고 기념사진을 찍는다. 잠시 쉬어갈 양으로 들린 시내 한 복판의 오오도리 공원에 이르렀을 때 마치 세계의 인종시장을 방불케 할 정도로 다국적의 사람들이 북적댄다. 몇 블록에 걸쳐 만들어놓은 화단 모양은 모두 특색 있게 설계되어 수많은 꽃들이 제각각 아름다운 모습으로 소속 조경회사를 대표하는 상징성을 드러낸다. 공원 한 곳에는 맥주 빨리 마시기 대회며 만담을 곁들인 즉석 방송을 하며 모두가 행복한 표정들이다.

볼거리는 많고 시간은 빨리 흐르는 것 같아 괜스레 마음이 초조해진다. 저녁은 막내가 사겠다며 우리를 안내한다. 몇 달 전 친구들과 전차를 타고 가보았다는 한적한 식당에 노부부가 운영하는 곳이란다. 바다를 끼고 가는 동안의 경관이 참 아름답다. 어느 곳인지 울창한 숲이 나오고 차 안의 사람들이 나뭇가지를 잡을 정도이며, 찻길만이 죽 그어진 풍경, 숲 끝에는 마치 요정의 집이 나올 것 같은 신비감마저 느낀다. 오후 5시경, 약 두 시간을 달려 이르니 20명쯤 앉을 것 같은 작은 초밥식당에 연세가 칠십은 되어 보이는 노부부가 주방에서 나온다. 그들은 막내를 알아보고 손을 잡으며 반가워한다. 한국에서 온 가족 소개를 하니 우리한테도 연방 절을 한다. 그런데 우리를 받지 못하겠다고 했다. 7시에 두 가족 7명의 예약이 있기에 그들에게 정성을 다하기 위해서란다. 우리는 어이가 없었다.

막내가 "삿보로에서 두 시간을 달려 이곳에 왔다." 라고 설명을 하는데도 "미안하다." 만 연발하며 다른 집을 추천해 주겠다고 했다. 우리나라 같으면 우리한테 음식을 팔고 예약 손님도 받을 수 있는 시간이 있음에도 거절했다. 우리는 좀 섭섭하기도 했지만 그들의 장인 정신은 결코 돈 몇 푼에 움직이지 않는, 신념 같은 게 느껴졌다. 할 수 없이 우리는 그들이 추천해준 집으로 갈 수밖에 없었다. 하지만 타인에게 최선을 다하는 책임감과 정성에는 느끼는 점이 많았다.

일본에는 대를 이어 가업을 하는 집들이 많단다. 5대에 걸친 센베과자, 130년 전통의 우동집, 5대에 걸쳐 그 맛을 유지하는 찹쌀떡 등등. 그리고 돈을 쓰고도 고객이 기분 좋은 상태로 만드는 일본인의 노하우는 단연코 친절이다. 식당에 들어가는 순간부터 나올 때까지 무려 수십 번 고개를 숙인다.

우리는 달랑 한 칸짜리 전차를 타고 모이와산에서 보는 삿뽀로시의 야경을 보기 위해 나선다. 전차에서 내려 케이블카를 탄다. 그런데 휠체어를 탄 사람도 거리를 잘 다니는 것은 세계에서 장애자를 위한 시설이 가장 잘 되어 있는 나라라고 한다. 턱없는 길, 건널목의 신호음, 지하도 입구를 알리는 새소리 등

여행을 오기 전 『일본은 있다』『일본은 없다 』『부자 나라 가난한 국민』등, 이곳에 대한 사전 지식을 위하여 읽긴 했지만 직접 일본 땅에 발을 딛고 보니 긍정적인 부분도 눈에 많이 띄었다. 요즘 일본 정치가들의 망발妄發을 보면 어처구니없지만 내가 아는 일반 시민들은 모두 정직하고 다정하여 정감이 간다. 케이블카에서 내려 또다시 리프트를 타고 산 정상에 올랐다. 그날따라 쾌청한 밤 날씨라 시가지가 한눈에 내려다보인다. 강한 바람에 뺨이 시리고 머플러가 하늘로 치솟는다. 산 정상의 관광 상품 판매소에는 황·백·흑색의 인종들이 상품을 고르느라 정신이 없고, 판매 아가씨도 포장하느라 손길이 바쁘다.

요즘 가만히 눈을 감고 그때를 생각하면 다시 한 번 가보고 싶어진다. 유황온천 지옥곡, 센강을 닮은 강변 풍경, 천상에 비견해도 좋을 비애이 언덕, 해바라기 마을 등이 옛 추억으로 남아 그립기만 하다.

크라쿠프 광장과 오로라 민박집

폴란드의 옛 수도 크라쿠프 관광을 위해 고속도로를 달린다. 이 도시는 전체가 역사적이며 풍치지구風致地區로 세계자연유산에 등재되어 무척 아름답다.

유럽의 중앙에 위치한 폴란드는 자연적인 방벽이 없다. 외세의 침입에 방어 구실을 할 만한 높이의 산이 없는 지형은 가도 가도 아득하게 펼쳐진 평원만이 전개된다. 높다고 해야 고작 야산만한 둔덕이 있을 뿐, 드넓은 땅은 기름이 흐르듯 좋아서 종자를 심으면 우량 열매가 금시 맺힌다고 한다.

폴란드(poland)의 철자 중 'pol'은 평원을 뜻한다. 지형이 평평하다 보니 자연적으로 주변 열강과 외세의 침략을 끊임없이 받았다. 오죽하면 영국의 역사가 데이비스는 폴란드를 가리켜 '신의 유희장'이라 불렀겠는가.

한때 프로이센(독일)·러시아·오스트리아 등 열강에 세 차례나 침략을 받아 영토가 분할되어 폴란드는 세계지도에서 국가 이름조차 지워져버린 슬픈 역사를 지닌 나라다. 1918년 폴란드가 독립하기까지 무려 123년간 나라를 통째 빼앗겨 굴욕적 삶을 이어온 민족이다.

그러나 피지배 국민으로 생활이 피폐해져도 기름진 땅 덕분에 배를 곯은 적이 없었다는 점이다. 높낮이가 없고 끝도 안 보이는 고속도로가 직선으로 눈앞에 뻗어 있어 그저 달리기만 하면 된다.

폴란드의 산업화와 늘어나는 관광객들로 인해 도로를 넓히는 작업이 곳곳에 보였고 중국인 인부들이 그 역할을 감당하는 모습이었다. 그런데 그 작업이라면 평원에 선을 긋고 포장만 하면 된다니 식은 죽 먹기란다. 그런 얘기를 들으니 좁은 나라에서 사는 나로선 부러운 조건일 수밖에 없었다. 드넓은 평원에서 한가로이 풀을 뜯는 말이나 소의 목가적 풍경을 보니 마음이 그렇게 평화로울 수 없었다. 천혜의 자연 조건을 누리는 이곳의 가축들에게 이보다 더 좋은 환경은 없을 듯하다.

언젠가 TV상으로 본 우리나라 가축들은 거의 인공사료를 먹기에 비교가 되었다. 바람에 일렁이는 온갖 야생화가 그나마 볼거리를 제공하고 여독을 풀어준다. 자연의 여백이 이처럼 넓은 곳도 드물 성싶다.

이 나라의 주요 수출품인 종마는 세계에서도 인정을 받으며, 마리당 값은 웬만한 아파트 한 채 값과 맞먹어 상상을 초월했다. 자연 그대로 방치된 듯한 경치는 단조로워 공기가 얼마나 맑은 지 십리 밖의 동네가 아주 선명하게 눈에 들어오는 듯하다. 한국에 가지고 가고 싶은 것은 공기라고 내가 말했을 정도다.

폴란드인의 자부심은 대단하다. 다수의 노벨수상자들 가운데 문학상만 네 명이다. 지동설의 코페르니쿠스, 음악가 쇼팽, 라듐을 발견하여 화학·물리 두 번에 걸쳐 노벨상을 수상한 마리 퀴리 부인을 '폴란드의 3C' 라 일컫는다. 또한 교황 요한바오로 2세 등을 아울러 곧 폴란드의 자존심이라 여긴다.

폴란드의 수도가 바르샤바로 옮겨지기 전까지 크라쿠프는 500여 년간 유럽의 정치·경제·예술·학문의 중심지였다. 조각으로 치장된 건물들은 세월을 견뎌온 역사의 당당한 주역들 마냥 늠름한 모습으로 이 나라의 주요 문화 상품 구실을 한다. 아름다운 자연은 사람의 마음을 푸근하게 하는 마력이 있다.

자연에 동화된 기분은 최상의 컨디션을 유지시켜주고 익히 들었던 크라쿠프 광장에 대한 기대로 나는 마음이 들뜬다.

2007년 4월 한국인 부부가 이 광장 뒤편 동네에 정착하여 '오로라 민박집'을 운영한다는 제보를 받고 연락이 닿았다. 29세 새내기 동갑부부다. "왜 이렇게 먼 곳까지 와서 민박집을 하느냐?" 고 물었다. 그들은 "세계여행을 하다가 여기 와보고는 고풍스런 이 도시에 반했다." 라고 말했다.

중세시대 유럽의 옛 모습을 고스란히 간직한 건물이며 풍광을 지닌 이곳을 전 세계 관광객들이 빼놓지 않고 다녀간다는 말에 기가 솔깃했단다.

부부는 말했다. 결혼식이 끝나자마자 그야말로 아무런 대책 없이 가방 몇 개 꾸려 무작정 이곳으로 와서 민박 운영을 한다니 부부의 용기가 가상해 나는 등을 다독거려 주었다. 그럴 수 있는 용기도 젊음이라는 밑천 덕분이 아닌가 싶었다.

이곳의 집 천장 높이는 4m 정도로 무척 높다. 마룻바닥에는 원목이 깔려 중후한 느낌을 주며 가구 또한 둔탁해 보이지만 나무 본래의 갈색 가구들은 자연적이어서 무척 정겹게 느껴진다. 아파트 60평 정도의 넓이에 2인, 4인, 8인실의 방들과 거실에는 대형 식탁이 비치되어 숙박 객들의 대화 장소로 이용되었다.

자정이 될 무렵 한국의 한 중년부부가 초·중·고 세 자녀를 데리고 들어왔다. 온 가족이 여름방학을 이용하여 아이들의 시야를 넓혀주기 위해 동유럽 여행을 왔단다. 도시 어느 곳을 가더라도 아름이 넘는, 죽죽 곧은 원목들은 경제림으로 이 나라의 수출 상당 부분을 차지한다니 그 또한 국토가 빈약한 우리나라를 생각하니 약간의 시샘마저 일었다. 집주인에게 지불하는 월세는 150만 원이라기에 빚은 안지고 운영하는지 걱정되어 내가 물으니, 이제 우리나라에도 이 민박집이 알려져 많이들 찾는다니 그렇게 큰 염려는 안 해도 될듯하다. 이튿날 새벽에 일어나니 새댁이 벌써 일어나 주방에서 달그락거리는 소리가 난다.

젊은 여성이 반찬이나 할 수 있을까 우려했던 마음과는 달리 된장국에 김치부침이며 몇 가지의 나물과 돼지고기 볶음으로 식탁이 풍성했다.

나이 30이 넘도록 부모 밑에서 편히 얹혀살며 손 하나 까딱하지 않는 우리나라 중산층 자녀들이 눈에 쉽게 뜨인다. 이 부부를 보니 얼마 안가서 크라쿠프 광장에 가게를 마련하겠다는 자신들의 인생

목표를 달성할 수 있을 것이라는 확신이 오며 열심히 사는 부부의 모습이 참 아름답고 성실하게 보였다.

식후 투숙객 모두 거실에 앉아서 커피를 마시며 하루의 일정대로 잘 구경하라는 덕담을 서로에게 건넸다. 우리는 아쉬운 작별을 하고 유럽의 한복판인 광장으로 나왔다. 백 년 전 매력을 그대로 지닌 크라쿠프 광장은 세계인들의 열정이 서로에게 전이되는 느낌이 들만치 감정의 교류가 원활한 장소였다.

구시가지 중심에 위치한 광장은 총 4만 평방미터 넓이로 주위에는 옛 귀족들의 저택이 줄지어 있다. 거리 벤치에 앉아 건물들을 쳐다보면 1903, 1905 등 연도가 붙어 마치 중세로 돌아간 것 같은 착각이 인다. 백년 넘은 건물들이 부지기수다. 아파트나 상가도 5층 이상의 건물은 별로 없다. 허물지 않은 집, 그 자체가 엄청난 관광자원이 된다는 사실에도 나는 왠지 기가 죽었다. 전국 곳곳에 몇 십층 아파트로 시야를 가리는 한국의 현실과 비교가 되어서다. 실지로 길에 나서니 고전 속의 한 세계를 유람한 듯한 기분이 든다.

광장에서 세계 여러 인종들의 들뜬 분위기에 취하고, 중앙시장의 긴 통로를 걷기도 하며 다리가 아파서 우리 가족은 백마가 끄는 마차를 타고 귀족 주택 주변을 돌아보았다. 여행도 단순히 그곳의 경치만 보는 것보다 나는 타인과의 만남에 더 큰 의미를 부여附與한다. 어디를 가건 행위의 주체主體가 사람이라는 생각에는 변함이 없다. 그곳을 다녀온 지 몇 년이 흘렀지만 나는 그 부부가 그립고, 그들의 인생 목표가 달성되었는지 늘 궁금해진다.

바르샤바 거리 풍경

바르샤바 시내의 외곽지대에 교포가 경영하는 일식당이 있다기에 찾아갔다. 단아한 이층집으로 조리복을 입은 현지 종업원들이 여럿이었지만 경영인은 한국인이다. 이곳은 폴란드의 명물 유적지와 가까운 길목이며 큰 공원을 끼고 있어 경치가 무척 아름답다. 공기가 하도 신선하여 우리 가족은 야외 테이블에 앉았다.

육류 위주의 스테이크만 먹는 유럽인들이 생선요리를 좋아하게 된 데는 그만한 이유가 있어서란다. 길을 가다 보면 많은 중년 남녀들이 배를 한 아름씩 안고 다니는 모습들이 눈에 쉽게 띈다. 공산국이었던 폴란드가 자유주의 국가로 이념이 바뀌자 일본은 발 빠르게 진출하여 바르샤바 시내에서만 대여섯 군데의 일식집을 차렸다. 한국인이 경영하는 일식집은 이곳이 유일하단다. 원래 서양인들은 날생선을 먹는 일본인을 야만인으로 취급했다. 그러나 신선한 생선살에 밥을 싸서 먹는 식감에 매료되고, 무엇보다도 기름진 음식으로 비대해진 몸은 건강상 좋지 않은 점이 많기에, 일식은 이제 고급 음식으로 취급되고 있단다.

우리는 모듬 생선초밥과 우동을 시키고 사방을 둘러보았다. 눈길이 닿는 곳마다 울창한 수목과 꽃들이 만발하다. 바람결에 실려온 꽃향내가 후각을 자극한다. 어느 곳이든 시야에 보이는 것은 푸른 하늘과 초록 일색의 전원이다. 고개를 돌리면 사방으로 아파트에 시선이 차단되는 우리나라와는 천양지차다. 식후 자리를 뜨려하자 사장이 튀김 한 접시를 들고 와서 찾아주어 고맙다고 인사를 한다. 동족의 온정이 마음으로 느껴진다. 우리도 "이곳에서 꼭 성공하기 바란다." 는 덕담을 하고 관광지로 걸음을 옮긴다.

빌라노프 궁전을 가는 길의 수목들은 수령이 얼마나 오래 되었는지 죽죽 곧은 몸통이 초록 이끼로 덮여있고 굽은 나무는 하나도 안 보인다. 폴란드의 나무들은 나라의 수입원이며 거의 경제림이라 한다. 자연은 왜 이렇게 불공평한지, 우리나라 산천의 나무는 반듯하게 쓸 만한 재목감이 없어 거의 수입에 의존하는 실정이다.

공원의 수목에 정신이 팔려 걸어가다 보니 엄청난 크기의 궁이 앞을 가로 막는다. 17세기말 폴란드 역사상 가장 위대한 왕, 얀 소비에스키 3세가 프랑스 왕가 출신 부인을 위해 프랑스의 베르사이유 궁전을 본 따 만든 바로크 양식의 여름 별궁이다. 디귿자형의 거대한 건축물 앞 둥근 마당에 깔린 금잔디는 마치 초록 벨벳처럼 부드러워 누워보고 싶은 충동마저 일게 한다. 건축물의 지붕과 벽, 기둥과 문에는 입체적 조각들이 새겨져 눈을 뗄 수가 없다. 조각이지만 생기가 느껴지며 말은 마치 앞을 내달릴 듯한 기세다.

폴란드는 지리적으로 동서 유럽의 중간에 위치하여 양 문물을 쉽게 받아들이는 이점이 있다. 아우슈비츠를 폴란드 한 복판에 세운 이유도 유럽 각지에서 붙들려오는 유대인들을 실어 나르기 좋은 여건이어서라고 한다. 과거도 역사 속에 묻히고 지금은 평화를 만끽하는 사람들의 표정이 밝기만 하다.

다음 행선지로 시내 한 가운데 중세의 고성 마냥 버티고 선 건물이 있어 구경한다. '문화과학궁전' 으로 스탈린이 폴란드 국민에게 선물로 세워준 37층 건물이다. 지금에야 그만한 높이쯤은 보통이지만 1955년 당시에는 높이 234m, 건축 면적 37,000평, 방이 3,288개의 건축물은 흔치 않았던 시절이다. 30층 전망대에 오르면 시내 전역이며 비슬라강 전경이 한 눈에 들어온다. 그 건물 앞의 데필라 광장은 바르샤바에서 가장 큰 광장으로 군대 퍼레이드를 비롯한 여러 행사가 열린다고 한다.

여행은 즐겁기도 하지만 체력이 바탕 되어야 보람 있을 터, 명소 두어 군데를 돌았는데 벌써 피곤이 몰려오니 마음이 바빠진다.

우리는 바르샤바 구 시가지를 구경하기 위해 차 방향을 잡는다. 풍만한 육체의 아주머니가 운전하는, 달랑 두 칸짜리 전차가 거리를 누빈다. 학창시절 부산 동래 온천장에서 서면까지 달리던 작은 전차가 생각나며 마치 예전으로 회귀하여 모든 사물이 일순 정지한 것 같은 착각마저 든다. 거리를 걷다 보면 수많은 건축물에서 예술적 작품을 구경할 수 있다. 구교를 믿는 폴란드에서는 구태여 박물관에 가지 않고 성당에만 가도 벽면과 천장의 성화聖畵와 조각품들이 눈길을 붙든다.

새벽에 바오로 2세 전 교황의 동상이 마당에 선 성당으로 들어간다. 성도들이 고개를 숙이고 조용히 기도하고 있었다. 그런데 천장에 그려진 성화가 미켈란젤로의 작품인 것 같은 생각이 들어 가슴이 두근거렸다. 어둑한 실내인데도 실례를 무릅쓰고 막내아들이 사진을 몰래 찍었는데 청소하는 노부인한테 들켜 혼쭐이 난 적이 있다. 어렵사리 도둑 사진으로 찍은 성화가 얼마나 잘 나왔는지, 요즘도 그 사진을 볼 때면 당시의 추억에 잠기고 감회가 새롭다. 쇼팽의 심장이 보관된 성 십자가성당 창문의 스테인드글라스는 길이는 10m가 넘을 듯한 긴 창문들로 성당의 한쪽 벽면을 다 차지하는데 한참을 보노라면 그림이 말을 걸어오는 것 같은 착각이 든다.

거리의 악사들도 명곡을 연주하는 실력이 보통은 넘는다. 피아니스트이며 작곡가로 불멸의 음악가인 쇼팽을 배출한 나라가 아니던가! 성십자가 교회에는 쇼팽의 심장이 묻혀있다고 하여 그 교회를 방문하기도 했다. 많은 관광객들이 천천히 걸음을 옮기며 꼬불꼬불한 좁은 난간을 붙잡고 몇 층을 올라가니 엄청나게 큰 종鐘이 공중에 매달려 있다. 그렇게 무거운 쇠붙이를 어떻게 매달았는지 인간의 지혜에 감탄이 나온다. 천 년의 역사를 지닌 폴란드에는 역사적 건물을 복원하는 일들이 곳곳에 눈에 띄었다. 건축물의 칠하며 돌 하나까지도 자기 나라의 역사와 전통을 부각시키려 애를 쓰는 모습은 무척 감동적이다.

폴란드의 복원 기술은 세계에서도 정평이 나 있다고 한다. 화강암 조각의 옛길을 걸으며 길 양 옆으로 즐비한 가게들의 간판을 구경하느라 눈을 뗄 수 없었다. 간판들도 모두 예술적이다. 구둣가게에는 부츠 모양의 신발, 커피 점에는 김이 오르는 커피 잔 하나, 악기점에는 바이올린을 켜는 소녀상 등 작은 철 간판들이 공중에서 달랑거린다. 14~16세기까지 유럽에서 일기 시작한 르네상스 영향이 아직도 유효한 게 아닌가싶은 착각마저 들었고, 나는 간판을 보느라 목을 젖히고 다녔더니 목이 아파서 파스를 붙이기까지 했다.

아들은 골목마다의 간판만 수십 장을 찍어 간직했다. 문화가 다른 경험은 소중하다. 우리는 야외 커피 점에 앉아 갓 볶은 열매의 연한 커피로 마른 목을 축였다. 찻값은 손님이 차를 마시고 갈 때 탁자 위의 작은 소쿠리에 돈을 넣어두면 되고, 거스름돈은 팁으로 그냥 둔다고 했다. 세계의 관광객들이 넘쳐나는 곳, 활기가 넘치는 그곳을 뜨기가 아쉬워 미적거리는 내게 내일 일정을 기대하라는 아들의 말에 일어서려는 엉덩이가 무겁기만 하다. 아우슈비츠와 소금광산이 기대되지만, 아우슈비츠에서 느낄 슬픔과 공포를 생각하니 벌써부터 눈가가 촉촉해진다.

무안의 인정을 가슴에 묻고

가슴이 따뜻한 사람들과의 만남은 언제나 행복하다.

사방 어디를 둘러봐도 눈을 지루하게 할 만큼 초록의 빛깔로 이어진 산과 들이다. 신이 초록물감을 우리 국토에 통째 쏟아 부은 듯한 가운데 무안을 향해 세 대의 버스가 달린다. 점심 때 쯤 군산에 도착하여 큰 횟집에 앉아 앞을 바라보니 황톳물이 도도히 흐른다.

채만식의 소설 『탁류』가 이내 떠올랐다. 학창시절 그 소설을 읽고 한 여인의 불행 앞에 마음 졸였던 일이 생각나서다. 초봉이란 여인의 비극적 삶을 통한 식민지 시대의 혼탁한 현실, 군산을 관통하는 탁류에 비하여 고발한 작품이다. 맑고 깨끗한 금강의 강물이 군산에 이르면 어찌된 현상인지 깨어진 꿈처럼 탁류로 변한단다. 군산항은 일제강점기에 수탈의 공간이기도 했다.

나는 한 생각에 몰입하면 좀체 깨어날 줄 모른다. 한 선생이 세발낙지를 내 코앞에 내밀 때에야 정신을 차리고 보니 꾸물거리는 생물을 먹어보란다. 한사코 사양했지만 막무가내로 내 입에 넣는다. 움직이는 물체를 먹어 본 건 그날이 처음이자 마지막이었다. 가도 가도 초록 세상은 여전히 우리를 따라온다. 얼마나 달렸을까 초록벌판 속에 정연하게 심어진 노란 연초 잎이 한껏 두드러져 보인다.

무안의 정경이 그처럼 평화롭고 아름다웠던 이유는 이곳 민선군수로 지역발전에 열정을 쏟고 있는 수필가 L군수님을 만나고부터 알 수 있었다. 우리를 융숭하게 대접해주신 성의에 몸 둘 바를 모를 만치 성대한 잔치를 베풀어주셨다.

서울 부산 대구 광주 등 전국에서 모인 200여 명의 회원들 중, 나도 부산에서 오신 문인들과 모처럼 반가운 인사를 나누었다. 해방 이후 오늘에 이르기까지 우리는 통치자들에 대한 실망감이 몸에 배었다. 그러나 '군민 제일주의와 참 봉사 행정구현'의 기치를 내세우는 군수님 모습에서 여느 지도자들과는 다른 신선함을 느낄 수 있었기에 찬사의 박수를 쳤다.

무안군청에 도착한 순간부터 일사분란하게 움직이는 이곳 직원이며 고운 자태의 양파 아가씨들 미소에 여독이 풀렸다. 무안지방의 특산물에 관한 정보지며 물외김치를 선물로 받고 세미나실로 들어가니 '금아 피천득 선생의 문학을 재조명'하는 이번 기회에 문학인들의 열기는 한껏 고조되었다. 세미나가 끝난 후 만찬 석으로 준비한 장내 분위기는 무척 화려하면서도 편안하게 느껴졌다. 목포호텔에서 공수해온 해산물 위주의 고급 음식은 푸짐하여 식욕을 돋우었고, 남도창을 공연하는 가운데 개개 글 사랑 동호인들의 함박웃음에 문학인으로서의 자긍심이 솟았다.

영화 「서편제」에서 삶의 애환을 애조 띤 음률로 엮어내는 창을 들으니 우리의 가락과 창에 대한 관심이 부쩍 솟는다. 어린 소리꾼들은 전라도 예술의 전도사마냥 어쩌면 그리도 낭랑한 목소리로 표현하는지 박수갈채를 많이 받았다.

만찬 후 찾은 홀통 해변, 해변으로 가는 길목에 들어선 해송의 머리 위로 밤안개가 자욱하던 정경은 신비스럽기까지 했다. 일찍이 사색하고 꿈을 키웠던 바다는 내 감성의 모태이기도 하다. 비릿한 갯내는 고향의 냄새다. 몸 구석구석 세포조직 하나에까지 파고들어 나의 후각에 익숙한 냄새다. 타오르는 불빛 아래 치러진 모래밭 축제는 분명 혼이 살아 숨 쉬는 우리 문학인들의 잔치였다.

문학인은 저마다 개성이 뚜렷하고 색체가 강한 소유자들이다. 하지만 모두 겸손하며 친숙해지고 우정을 확인하는 천금 같은 이런 시간을 어디에서 얻을 수 있으랴! 노래와 춤과 시로써 우리의 흥겨움을 한껏 뿜어낼 수 있었던 홀통 해변은 광활한 무대였다. 아무리 휘젓고 뛰어도 넉넉한 자연의 무대였다. 남도가락과 농악대의 한바탕 창과 율동으로 하루의 행사가 끝나고 호텔로 향하는 밤길, 모기를 의식하는 오랜만의 시골 분위기가 좋았다.

이튿날 무안지방의 명소를 돌아보는 도중 경치 좋은 해변 가도를 달리니 14세기 경 고려청자가 다량으로 인양된 도리포가 보인다. 이 지방은 신안유물로도 알려진 신안군과 이웃한 곳이다.

옛 선조가 이 지역 해상을 왕래하며 이웃나라들과 교역했던 일을 생각하니 시공을 훌쩍 넘어 천년의 역사가 바로 눈앞에 펼쳐진 느낌이었고 역사적 고장이라는 생각이 들었다. 얼마를 달렸을까 회산의 연꽃단지는 동양 최대로 중생을 구제한다는 관음보살의 자비를 느낄 만치 광활하고 풍성하여 옹졸한 마음조차 넓어지는 듯하다. 용월리 상동마을 청룡산에 모여든 왜가리 풍경은 그야말로 장관이었다. 새들만큼 환경에 민감한 동물도 없거늘 해방이후 이 산에 모여드는 새들의 동정에서 이 지역 공기가 얼마나 맑은지 짐작되었다. 질 좋은 이곳 토양에서 재배되는 양파와 마늘도 크고 단단한 우량종이다. 양파는 우리나라 전체 생산량의 4분의 1 양이라니 놀라웠다. 저장소의 산더미 같은 양파를 보니 집에 가면 가족의 건강을 위해 양파를 많이 먹어야겠다는 생각이 든다.

'노령의 푸른 산맥 정기를 타고 승달산 높은 기상 뻗어 내린 곳'이라는 군민노래 가사처럼 이 지방은 분명 생동감이 넘쳤다. 전국 기초단체 중 삶의 질이 가장 나아진 고장으로 평가 받았단다.

군수님의 적극적 사고와 실천을 주축으로 군민일체로 뛰는 무안은 더 크고 멀게 발전할 것이라는 확신이 들었다. 마지막 행선지였던 목포의 해저박물관까지 따라 와 주신 군수님의 사랑에 다시 한 번 고마움을 표하고 싶다. 또한 해저목욕탕에서 따뜻한 바닷물로 목욕을 해보기는 처음이라 심신의 피로가 싹 가신다.

이 시대 문인들은 할 일이 많은 것 같다. 각박한 현실에서 맑고 고운 영혼으로 글로써 아름다움을 풀어내고 더러는 항변하면서 도처에 널린 부조리를 씻어낼 수만 있다면 세상은 한층 더 정화되지 않을까 싶다. 그런 사명감이 있기에 우리의 어깨가 무거운 것이리라.

문학을 사랑하는, 욕심 없는 사람이 행정을 맡는다면 세계적 문화인으로 높은 삶의 질을 소유한 일등 국민이 될 수 있으리라는 생각이 들며 좋은 여행의 막을 내렸다.

마음에 날개를 달고

연초부터 계획된 전가족의 일본여행 날자가 7월로 잡혔다.

친손·외손을 데리고 3대가 함께 떠나는 여행은 이번이 처음이다. 큰아들가족과 외손자들까지 대동한 여행이라 남편 얼굴이 희열에 가득 찼다. 그도 그럴 것이 석양을 바라보는 시점에서 위축된 자신을 이삼 세 후손들이 바람막이 역할로 든든하니 어찌 아니 기쁘겠는가.

여행이라면 일단 신이 난다. 일상에서 벗어나 미지의 세계를 돌아보며 삶의 의미를 찾는다면 그 이상 큰 보람이 없을 터이다. 활주로를 벗어난 비행기가 공중으로 치솟고 많은 아파트 군이 시야에서 멀어지며 구름 속을 유영하듯 난다.

구름은 대체로 허황되거나 믿지 못할 실체의 상징적 의미로도 쓰이며, 우리네 인생을 뜬구름에 비유할 때가 있다. 허공에 둥둥 뜬 채 시시각각 변하며, 모였다 흩어지는 구름의 형태가 안정적이지 않다. 마치 평생 동안 한 곳에 정착하지 못하고 이리저리 이동하며, 형편 따라 사상思想의 변주에 놀아나기도 하는 인간의 속성과 닮은 때문이리라. 지상에는 많은 비가 내리는데 구름 위의 창공은 청색 물감을 풀어놓은 듯 눈부시게 아름답다. 그렇게 하찮아 보이던 구름도 비를 내려주어 모든 생명의 근원이 된다는 사실을 생각하니 구름에 대한 인식이 달라진다.

이 우주에는 적어도 나만큼 미련하고 작은 존재는 없다는 생각이 불현듯 나의 이성理性을 잠식한다. 언젠가 눈에 티가 들어가 눈이 쓰라렸던 경험을 한 뒤로 티끌의 존재가 그렇게 대단하게 느껴질 수가 없었다. 만물의 영장이라는 인간이 먼지만한 이물질에 눈을 뜨지 못한다는 게 어디 말이 되는 가 말이다.

하지만, 지금은 행복한 여행 시간, 나도 마음에 날개를 달고 창공에 점 하나보다도 더 미미한 존재로 자연의 일부가 되어 날았다.

> 알랭 드 보통 작 『여행의 기술』에서 그는 '흔한 여행서를 상상하지 말고 철학·사색적 여행을 통해 내면의 여행을 하라'고. 사람의 기쁨은 결코 가는데 있는 것이 아니라, 존재하는데 있으며, 여행은 바깥의 선善을 안으로 옮기는 것이라고. 그리고 아름다움에 대한 우리의 인생을 굳히려면 글을 써야 한다고 강조한다.

여행은 정신을 살찌운다. 음식으로 영양을 채워 육신의 건강을 다지며 살아가지만, 정신적인 건강도 육신에 못지않다. 또한 사고·감각·사물에 대한 느낌과 오감의 충족을 달성할 수 있는 삶의 한 방편이 아니겠는가! 세상에는 우리가 사는 동안 볼 수 있는 한계보다 상상을 초월할 만큼 많은 것들이 산재해 있다. 한마디로 무궁무진이다. 왜 그렇지 않겠는가.

인생은 유한하되 자연은 한계가 없이 영원불변하기에다. 아무리 많은 발품을 판다고 해도 지구상의 극히 일부분만 볼뿐이다. 그러기에 여행에서 진정으로 소중한 것은 생각하고 보는 것이지 양과 속도가 아니다. 지금쯤 아들과 며느리는 나고야 공항에서 우리를 기다리고 있으리라.

일본의 비싼 물가를 생각하여 고추장·된장·미역·한치·소고기육장 등을 큰 가방에 꽉 채워 넣었다. 자녀를 사랑하는 엄마의 마음은 늘 그런 것 같다. 주어도주어도 모자랄 뿐이다. 예전 고된 시집살이를 하다가 친정에 한 번씩 갈 때면 어머니는 이것저것 여러 가지 반찬을 만들어주시던 생각이 난다.

아들은 내내 당부했다. 짐스럽게 반찬은 가져오지 말라고. 일본에서는 일본 음식을 먹어보아야 한다고. 하지만 늘 더 주지 못해 안달하는 한국 엄마들의 고질병에 나 역시 감염된 상태라 치유가 쉽지 않다. 드디어 도착시간이 되어 창공에서 지상을 내려다본다. 해안선 따라 가옥이 보이기 시작하고 산천과 농토까지도 일본 특유의 질서정연한 규칙에 한 치도 어긋나지 않게 정비가 잘 되어 보기가 좋다. 아파트라곤 눈을 씻고 봐도 안 보인다. 나지막한 집들이 땅에 딱 붙은 풍경이 생경스럽다.

나고야 공항에 도착하여 외국인 칸에 열을 지어 섰다. 내국인들은 입국수속이 빠른데 외국인들의 열은 좀체 줄어들지 않는다. 세계에서 일본의 입국수속이 가장 까다롭다더니 역시 그렇다. 우리가족의 수속을 마치기까지 무려 30분이라는 시간이 걸려 좀 짜증스러웠지만, 출구로 나가니 밖에서 기다리던 아들 내외가 두 손을 번쩍 들며 우리를 반긴다. 가족과의 해후는 늘 감동적이다. 매 주말이면 화상통화로 얼굴을 서로 보며 얘기를 주고받건만, 체온을 느낄 수 있는 혈육의 만남은 정의 깊이를 더욱 느끼게 한다. 집에서 공항까지의 전철표가 성인 한 명당 850엔, 우리 돈으로는 11,475원이다. 전 가족이 아들 집까지 가는 전철 표만 해도 약 12만원 돈이다. 이곳에 와 보니 우리나라의 교통정책이 얼마나 잘 되어 있는지 알 수 있었다.

일본에서는 교통비가 너무 비싸서 웬만한 볼일은 묵살해버리는 경우도 많다고 한다. 이렇게 나와서 체험을 해보아야 우리나라의 좋은 면도 깨달을 수 있는 법이다.

아파트 문을 열고 들어가니 일본 여인의 섬세한 손길이 구석구석 표가 난다. 화장실 안에까지 카펫을 깔아놓아 남자도 앉아서 소변을 본다는 말에 잠시 어이가 없었지만 따라야지 별 도리가 있겠는가. 목욕실·화장실·세면대가 각각 다른 공간에 있어 화장실에 혼자 들어가면 그 사람이 나올 때까지 타인이 다른 볼일이 있어도 못 보는 폐단이 없어 좋았다.

아들 집에서 나와 장남 식구며 외손자들은 잡아놓은 호텔에 짐을 풀어놓고 나고야 밤거리로 산책을 나갔다. 시 중심가는 마천루의 물결이다.

우리는 일본의 세 번째 도시인 나고야 시市 야경을 보기 위해 개방한, 51층 245m의 JR센트럴타워 옥상에서 휘황한 밤풍경을 카메라 영상으로 담기에 바빴다.

내일의 행선지 나고야성이 멀리 푸른 네온 아래 400년 긴 잠을 자고 있었다.

나고야 여정

잠이 깨어 언뜻 창가를 보니 하루의 기운을 일깨우듯 여명이 밝아온다. 베란다 문을 여니 이른 새벽시각인데도 매미의 울음소리가 일시에 고막을 때린다.

서울 우리 집 근처 숲에서 우는 뻐꾸기 울음에 비하면 완전 공해 수준이다. 하지만 모든 생명체는 종족보존이라는 자연의 질서에 순응하며 살기 마련이다. 7~8월에 집중적으로 짝짓기 하는 매미는 경쟁적으로 울음소리가 더 큰 수컷이 유리한 고지를 차지한단다. 자신의 종족 번식을 위해 저렇게도 울어 대는구나 생각하면 사랑의 눈으로 바라볼 수 있으련만, 소리의 크기는 소음 정도로 머리가 어지럽다.

매미의 일생을 보면 사실 동정이 가지 않는 건 아니다. 고작 2mm 정도의 알이 1년 만에 유충으로 부화하면 약 15회의 탈피를 거쳐 애벌레 기간 이삼 년을 지나야 비로소 성충이 되는 처절한 시간을 감내한다. 그런데 자연 상태에서 고작 한 달을 살고 죽는다니 애처롭지 않은가 말이다. 길가에 돋아난 잡초의 한살이와 다를 게 없는 생인지도 모른다. 심지어 북미에 사는 Magicada라는 매미는 유충기간이 무려 17년이라니 너무 가혹한 조물주의 처사가 아닌가 하는 생각마저 든다.

곤충을 일컬어 통칭 '벌레' 라고 하지만 엄연히 자연의 주인이다. 하지만 인간의 이기심 때문인지 결코 환영해줄 마음이 생기지 않는다. 사실 인간에게 이로운 곤충은 별로 없는 것 같다. 파리와 모기가 옮기는 병은 치명적 결과를 초래할 수도 있으니. 간밤 늦은 시각까지 우리를 안내하느라 고단한 막내 부부가 잠이 깰까봐 창문을 닫는다. 오늘 일정은 '나고야성城'을 탐방한다.

며느리는 결혼 후 처음으로 손수 아침을 준비하여 시부모한테 내놓는다. 시부모라 역시 어려운지 국을 정성껏 끓인다. 일본의 식생활이란 단조롭기 짝이 없다. 내가 준비해간 밑반찬이 몇 가지, 며느리가 끓인 건 감자된장국 하나뿐이다. 식탁을 본 아들이 "전부 어머니가 만들어 오신 반찬뿐이네!" 라고 하여 밥술을 뜨기도 전에 한바탕 웃음 잔치를 벌인다.

나고야성을 가기 위해 행장을 차리고 나서니 7월의 햇살이 따갑다. 서울의 기온보다 3도 정도 높다니 땀 흘릴 마음의 준비를 단단히 해야겠다. 관광차를 타고 가는 도중 도요타 자동차회사가 나온다. 대학을 마치고 거의 10년이 가깝도록 자동차 디자이너로 실력을 인정받던 며느리가 옛 직장에 대한 감회가 깊은 듯 자꾸 되돌아본다. 며느리는 "만약 결혼을 하지 않았더라면 여행가를 희망했을 것" 이라 말할 정도로 세계 30여 개국을 돌아본 경험을 가지고 있다.

물과 숲이 어우러진 풍경이 시심을 불러일으킨다. 2010년은 나고야성이 세워진 지 꼭 400년의 역사를 자랑한다. 거대한 목조 성문 앞에는 '400년 전의 가노파 예술이 다시 태어난다' 는 기치 아래 '장벽화 복원모사에 나고야성 혼마루어전 적립모금' 이라는 현수막이 걸려 있다.

가노파 예술이란 우리나라의 풍속화와 같은 개념이 아닐까 싶다. 정문을 들어서자 돌로 쌓은 성벽 높이가 대단하다. 4세기의 연륜을 자랑하는 고성은 역사적 소용돌이를 알고 있을 것이다.

복원 현장에는 방벽을 높게 쳐놓았지만 공사 과정을 보고 싶어 하는 사람들은 안전모를 쓰고 구경할 수 있단다. 국민의 궁금증을 해소하기 위한 것이라면 무엇이든 공개한다니 그 또한 일본의 투명성과 무관하지 않은 것 같다.

우리나라를 침략했던 오만하고 뻔뻔한 민족이라는 평소의 인식이 예술작품의 수준과 국민의 정직성에 금세 허물어진다. 일상의 작은 선행은 더욱 감동을 준다.

좀 전 아파트 승강기 안에서도 먼저 탄 사람이 우리를 향해 목례하고, 내릴 때도 먼저 내리라고 양보할 때, 한 사람의 작은 친절 하나가 그 나라에 대한 인식을 달리 한다.

나고야성 혼마루 어전 연표를 보면 1610년 윤2월 나고야성 축성에 착수하여 1634년에 완공했다. 웅장한 천수각과 아름다운 어전은 1930년 이미 성곽건축물로써 국보 제1호에 지정되었다. 2차 세계대전 때 연합군의 공습으로 천수각과 궁의 일부가 소실되어 1959년에 재건하였다고 한다.

1층에서 5층까지 각층마다 전시된 역사적 사료며 작품들을 대충 훑어본 후 5층에서 밖의 경치를 내려다보니 성 주변의 숲과 흐르는 강물이 절묘한 구도를 이루어 정말 아름답다.

일본 제3의 도시인 나고야 정서를 이국인인 내가 잘 파악할 수는 없지만, 한자어 표기로 '명고옥名古屋' 이라는 뜻풀이가 마음에 들고, 특히 아들 내외가 사는 곳이라 더욱 정감이 간다. 며느리 친정부모는 이곳에서 태어나 살며 한 발짝도 옮긴 적이 없다니 일본인의 정서도 알아 줄만하다. 지겹지도 않은지 모르겠다는 생각조차 든다. 한국인들처럼 이동이 잦은 성정의 사람들로선 이해가 안 되는 부분이었다. 경제가 부흥하는 과정이기도 했지만, 나랏일을 시키기 위해 추천한 많은 사람들이 자신의 재산을 불리기 위한 방편으로 위장전입을 하는 바람에 퇴출당한 경우가 얼마나 많은가. 배우고 가진 자가 어려운 계층을 배려하기는커녕 나약한 사람들의 영역까지도 넘보는 사례들을 보면 가슴이 먹먹해진다.

일찌감치 선진국 대열에 낀 일본의 강점은 '남을 배려하는 힘'이었다. 일본의 속국에서 해방된 지 거의 70년이란 세월이 가까워온다. 그런데 정치·문화·경제며 교육계까지 하루가 멀다 하고 부정부패 소식을 보도하는 현실이 안타깝다.

국민은 나라가 잘 사는 축에 든다고 목에 힘을 준다. 하지만 한국에 시집온 여성들에 대한 편견과 돈의 집착으로 빚어지는 범죄행위로 세계가 보는 눈은 냉정할 수밖에 없다. 왜 그렇게 물질에 집착하는지 나는 아무리 생각해도 모르겠다.

경제 소식은 관심 밖이며 통장은 깡통으로 살아온 나도 세끼 밥 잘 먹고 건강하게 살아가건만. 일본은 정치가들의 망발로 미운 나라인데도 배울 점이 많다는 사실이 괴롭다. 피로도 풀 겸 며느리가 안내한 목욕탕에 간다. 5층 전 층이 목욕시설로 꾸며졌다. 옥상 노천탕에 가니 벽을 타고 흘러내리는 물, 기포 마사지, 지압욕 등 갖가지 시설로 피로가 풀린다. 그런데 수건은 각자가 지참하고 간다. 우리나라 사우나탕이나 찜질방에 가면 수건을 마음대로 갖다 쓴다. 자기 것이라면 그렇게 여러 장을 쓰겠는가! 그 수건을 세탁하는 비용도 만만찮으리라 싶다.

저녁에는 이름난 고기 집으로 갔다. 벽면에 스타들의 사인이 많이 붙어있다. 김치 한 접시, 상추 몇 닢도 계산하는 실리주의 나라여서인지는 몰라도 우리 가족의 한 끼 식사비용이 4만 엔을 넘어서 나는 도무지 이곳에서 살 엄두가 나지 않았다. 역시 음식에 관한 한 푸짐하고 인정 많은 우리나라가 좋다는 생각에는 변함이 없다.

교토 관광

오늘은 나고야 역에서 출발하는 오전 8시 47분 신간센을 타고 교토로 갈 계획이 짜여 있다. 역 안 상점에 잘 진열된 도시락과 간식을 사고, 신간센을 타면 표 한 장당 한 병씩 끼워주는 공짜 음료수까지 잘 챙긴다. 신간센 차비가 비싸니 작은 서비스를 하는 것 같다. 너무나 기계적인 관습에 인간미가 없다는 생각도 잠시, 합리적인 생활방식에 수긍될 때도 있다. 시시비비를 가릴 근원을 애초에 근절시켜버린다. 밥을 먹어도 더치페이로 공평하게 처리한다. 서로 내려고 하지도 않지만, 자신이 번 노동의 대가對價를 함부로 쓰지 않는다. 큰 외손자는 며칠 다니더니 사회가 무척 투명한 것 같다는 말을 한다.

중국 북경에서 공부하고 있는 외손자는 말했다. 6년 전 녀석이 공부하러 갈 때보다는 엄청난 변화를 이루었지만, 사회 전반의 질서나 정신적 수준은 일본을 따라가려면 아직 멀었다는, 자신의 견해를 피력한다.

신간센 기차 안에서 도시락을 펼쳤다. 부모를 위해 아들은 비싼 장어 김밥을 여러 개 사서 많이 먹으라고 준다. 이번 여행에서 부모를 사랑하는 자녀들의 마음이 매번 비춰져 감격스러웠다. 늙어가며 자식의 정성을 느끼는 이 기쁨이 내 생애를 빛나게 하는 요소가 아니겠는가. 아이들을 키우며 잘 자라기를 고대하던 어미의 기원이 헛되지 않았음을 하나님께 감사한다.

녹색의 전원을 달리며 마음에 이는 생의 포만감에 화창한 날씨가 무게를 더한다. 작고 아담한 이층집들이 동네 구성의 중심 역할을 한다. 살아가며 터득하는 보람이라면 큰 것만이 반드시 좋은 것은 아니라는 점이다. 대궐처럼 큰 집, 많은 물질, 남아도는 시간 등. 그런 요인들이 행복의 본질과는 거리가 먼 점이다.

집이며 차며 모든 것이 축소지향적인 일본의 사회구조에 큰 불만은 없지만, 집에 관한 한 아들은 겨울만 되면 불평이 많다. 일본의 아파트는 모두 복도식이며 베란다에는 창문이 없어 겨울이면 추위가 만만찮다. 난방도 바닥이 따끈한 우리나라 주택과는 달리 에어컨으로 냉·난방을 겸한다. 아들은 겨울만 되면 한국에 오고 싶다는 생각이 든단다.

일본이라는 나라가 이해 안 될 때가 겨울이라고 하니 주택에 어지간히 불만이 많은 모양이다. 시원하게 펼쳐진 울창한 숲의 전원 풍경은 내 눈길을 붙들고 쉬이 놓아주질 않는다. 평원을 달리는 내내 눈을 씻고 봐도 아파트는 한 채도 없다. 멀리 하늘과 맞닿아 굽이치듯 산등성의 완만한 곡선을 그대로 감상할 수 있어 사람의 감성을 한층 부드럽게 한다. 경부선 기차를 타고 가는 동안 경치를 가로막는 아파트로 인하여 식상했던 적이 어디 한두 번인가!

내 생애에서 가장 잘 선택했으며 가장 큰 성취감을 꼽자면 글쓰기를 시도했던 일이다. 그저 무의미하게 흘려보낼 삶의 모습이며 발자취를 글로 남길 수 있다는 보람에 자신이 대견스럽기까지 하다.

큰 외손자는 내 손을 꼭 잡고 걸었다. 키가 180cm인 녀석 옆에 서니 고목에 매달린 매미 같아 쳐다보며 웃는다. “할머니! 왜 그렇게 나를 쳐다보세요?” “너가 하도 늠름해 보여서…” 씩 웃으며 만족해하는 녀석이 사랑스럽다. 선글라스와 앞머리에 포인트를 주어 굽실거리게 빗어 넘기고 성큼성큼 걷는 모습에 여학생들이 한 번쯤은 쳐다볼만한 자세다.

“할머니! 할머니 손자니까 그렇게 보이는 거예요. 다른 할머니들도 자기 손자가 제일 잘나 보이는 거예요.” 손자들 앞에서 이성을 잃은 내게 따끔한 일침을 가한다.

그 아이는 내가 만든 김치복음밥에 ‘할머니표 김치볶음밥’이라 이름 붙여 유달리 좋아한다. 딸은 “내가 만든 것도 같은 맛인데, 녀석들이 엄마가 만든 밥은 할머니가 만든 것보다 2%가 부족한 맛” 이라며 불평이란다. 지어미가 만든 것이나 내가 만든 것이나 특별히 다를 리가 없건만, 어릴 적부터 외할머니와 많은 시간을 보낸 사랑이 보태어졌기에 그러하리라.

교토역에 내렸다. 그런데, 교토역사(JR京都驛)를 보니 기가 막힌다. 구조물의 독특한 형태로 그 위용이 주변을 압도한다. 상부는 철골트러스에 의한 유리지붕이다. 설계자는 하라 히로시, 건축 설계 1등 당선작이다.

옥상에서 바라보면 철골 구조물이 새의 날개 같기도 하고, 두 날개 사이로 에스컬레이터가 마치 골짜기로 곤두박질치듯 지상까지 일직선으로 연결되었다.

건물의 연면적 241,400m^2, 공사 기간 5년 6개월, 공사 금액 1,500억 엔이라니 우리 돈으로 환산하면 2조가 넘는다. 단일 건축물이 그렇게 웅장한 곳은 처음 보았다. 1층에서 12층까지 곧게 연결된 에스컬레이터를 아래에서 쳐다보면 층마다의 공간으로 하여금 마치 파도가 출렁이듯 한 시각적 효과를 준다.

세계의 많은 건설사며 설계사가 선진문화 습득을 위해 이 건물을 꼭 견학한단다.

역驛시설 이외 호텔·컨벤션·문화·상업 등으로 이루어진 복합시설 건축물이다. 좀 전 신간센 열차에서 건축과에 다니는 녀석이 읽던 책을 잠깐 조는 사이에 펼쳐본 구절이 생각난다.

『서현의 인문적 건축론』이라는 책의 부제 타이틀은 「건축을 묻다」-예술·건축을 의심하고 건축·예술을 의심하다.-라고 쓰여 있다. 343페이지 분량의 책에는 세계 유명 건축물이며 예술작품 사진이 실려 중후한 느낌이 든다.

> '건물로 구현된 건축은 근원이 되는 기초(arche)를 놓은 것에서 시작하여 지붕에서 마무리 된다. 그러나 건축의 가치는 기초를 놓기 전에 이미 형성된다. 그 시작이 되는 지점은 건축가의 머릿속이다. 그리고 건축가의 사회적 실존·존재 가치에 큰 의미를 부여하고 있다.'

고 기록되어 있다.

그 순간 나는 세계적으로 내세울 수 있는 건축물에 손자의 이름을 당당히 걸 수 있는 건축가가 되기를 빌어 본다. 옥상까지 연결된 에스컬레이트에서 내리면 옥상정원을 아름답게 만들어 휴식 공간을 꾸미고, 한 켠에는 두꺼운 유리벽을 통하여 바다 풍경을 조망할 수 있도록 해놓았다.

손자는 그 건축물을 세밀하게 부분부분 사진에 담는다. "꿈을 키워라, 꿈을 키워라." 나는 손자를 향해 주문처럼 그 말을 외고 있었다.

고도를 거닐다

교토京都는 고도古都로 '일본의 심장'이라 불리기도 한다.

이곳은 야요이 시대(BC 300~AD 300) 유적과 유물이 많이 발견되었으며, 메이지(明治)시대 초기까지 일본 황실이 자리 잡았고 문화·경제·종교에 이르기까지 일본의 옛 도시로 세계인이 인식한다.

교토 거리를 거닐며 이제 또 언제 일본 땅을 밟을 수 있을는지 모르겠으나 나는 이번 여행이 남편과 함께 갈 수 있는 마지막 외국 여행이 아닐까 하는 생각이 불현듯 들었다. 30분쯤 걸으면 앉을 자리를 찾는 남편 모습에서 느껴지는 세월의 무게가 야속하기만 하다. 젊은 날의 패기가 사라진 데 대한 허무가 한순간 몸으로 느껴진다. 이 세상에서 살아갈 날을 말할 때 흔히들 '쇠털 같이 많은 날들' 이라는 표현을 쓴다. 이번 여행에서 남편의 걷는 모습을 보니 그런 말은 젊은 나이에나 쓸 수 있는 말이지, 나이 든 사람에게는 얼토당토 않는 말 같았다.

지상에서 선 자세가 90도로 반듯했는데, 어깨가 10도쯤 안쪽으로 기울어졌다. '늙는다는 것은 인생의 마지막을 향해 한 걸음 다가선다'는 사실, 자연 질서에 순응하는 인간의 숙명을 인력으로 어찌 막아낼 수 있으랴! 잠시 남편에 대한 연민의 정으로 콧등이 시큰하다.

버스에서 내려 산을 향해 거의 1km나 되는 긴 골목을 오른다. 이곳은 문명과는 거리가 먼 듯한 모습의 집들로, 거의 백 년에 가까운 연수의 가옥들이 길 양편에 도열해 있다. 그야말로 고도古都란 느낌이 든다. 아기자기한 소품을 비롯하여 전통 도자기를 파는 상점에 들어가니 일이백 년 전의 도자기 값이 금값이다. 도자기 액자는 시가 5천만 원이 넘는 대가의 작품도 있다.

아무리 작은 상점이라도 입구에는 식물 한두 그루는 심어 놓았고, 공간이 아주 없는 곳에는 화분이라도 놓아둔 정경을 보니 일본 국민이 그리 야박한 성정性情은 아닌 것 같다는 생각이 든다. 골목이 비좁도록 오르내리는 다양한 인종에 섞이다보니 이곳이 동양이 아닌, 서양 어느 곳쯤으로 착각된다. 고도로서의 매력이 넘치는 관광지로 이미 서방 세계에 정평이 난 곳이다. 골목길이 끝나는 곳 산 아래 우뚝 선 사찰 청수사淸水寺의 붉은 문을 들어선다.

이 사찰은 일본이 자랑하는 천년 넘는 고찰로 세계문화유산에 등재되어 있으며 볼 곳이 많다. '청'는 '성스러운 물'이라는 뜻으로 사찰 내 물을 마실 수 있는 몇 가닥의 작은 폭포가 있다. 물줄기에 따라 지혜·사랑·장수에 좋다고 하여 많은 관광객들이 그 물을 마시기 위해 줄지어 서 있다. 사방 어디를 둘러보아도 숲 한가운데라 세속과는 거리가 먼 선계仙界에 잠시 유람 온 듯한 기분이 든다.

누각의 종이며 두 개의 탑 앞에는 얇은 나무판이 많이 달려있다. 운수를 점쳐 대길大吉이면 나무판에, 운수가 안 좋게 나오면 종이에

다 소원을 비는 글을 써서 묶어 놓는다. 그러고 보면 나라와 국경을 초월하여 인간이 복 받기를 기원하는 마음은 모두 똑같은 가보다. 우리 가족은 복 받을 기원의 문구도, 폭포의 물도 마시지 않은 채 시간을 절약하기 위해 긴 골목을 내려왔다. 골목길의 아름다움을 그날 새삼 발견하고 오래된 목조 가옥 옆 층층계단이며 상점 앞에서 우리는 여러 차례 사진을 찍었다. 먼 훗날 아이들이 사진첩을 볼 때면 그날의 추억을 상기하며 부모가 그리워 눈물을 흘리지나 않을지 모르겠다. 나이 탓인지 요즘에는 남편과 내가 눈물이 헤프다. TV를 보다가도 슬픈 장면이 나오면 이내 손수건을 들곤 한다.

우리는 교토 역사驛舍로 돌아와서 건물 12층 돈가스 집에 들어간다. 우리나라 돈으로 만 오천 원짜리 돈가스를 먹는데 나오는 건 달랑 된장국물 하나다. 인심이 이렇게 야박해서야! 하지만 불평하는 사람은 아무도 없다. 로마에 오면 로마법을 따른다는 말을 잠시 망각했나 보다.

다음 방문지인 오사카 행 신칸센을 기다리는 동안 역 대합실에 들어선다. 그런데 의자를 둥글게 놓아 모든 사람들이 얼굴을 마주 볼 수 있도록 배치하였다. 사실 한국인의 정서는 그렇게 확 트인 편이 아니다. 어쩌다 눈이 마주치면 웃음을 보내오는 일본이나 서양인들을 대하기가 어찌나 쑥스러운지 나는 책에다 아예 눈을 박고 있었다. 의자를 앞뒤로 배치하여 남의 뒤통수를 바라보는 것보다는 대합실 분위기가 한결 부드럽고 정서적이라는 건 인식하면서도 말이다.

대합실 의자에 앉아서 남의 눈치 안 보며 도시락을 당당하게 먹는 모습이 참 자유롭게 보인다. 아무데서나 먹는 것을 터부시하는 한국의 전통 양식이 이곳에서는 무용지물로 느껴진다.

일본에서 두 번째로 큰 도시 오사카 역은 정말 복잡하다. 지상으로 나가는 출구가 26번까지 있다. 대도시의 번잡함을 이 출구가 대변하는 것 같다.

나는 이렇게 복잡한 도시에서 사는 사람들이 참 신통해 보인다. 길 바보 중에서도 둘째가라면 서러울 정도라 미아가 되기 십상이다. 할머니의 길눈이 어두워 깜빡하면 일행을 잃어버릴 것 같은지 큰 외손자가 아예 내 손을 잡는다. 나의 생존 본능은 도시형이 결코 아닌 것 같다. 전원 풍경을 바라보며 동경의 나래를 펼치는 단조로운 일상이 내 삶의 방식과 맞다는 생각에는 변함이 없다.

오사카의 번화가 도돈보리 거리에 들어선다. 우리나라 명동거리와 흡사하다. 수많은 사람들 물결로 상업적인 분위기가 나그네의 구매욕을 부추기지만, 나는 옆 눈도 돌아보지 않고 가족과 떨어질까 봐 전전긍긍한다. 이런 곳에 오면 자연히 도시의 세련된 미적 감각에 동화되어 발걸음이 가볍다. 관광객이 넘치는 곳이라 그런지 상점마다 거래가 활발해 보였다. 요즘 신문이나 TV뉴스로 일본 경제활동이 둔화되어 시장 경기가 침체했다고 들었는데, 저녁밥을 먹으러 들어간 스시 집에는 자리가 없다. 한 무리의 서양인들이 밖으로 나온다.

스시는 이제 유럽에서도 고급 음식으로 자리 잡았다는 말을 실감한다.

세계인들이 일본의 청결·친절·정확·규율의 나라로 단정 짓고 있다는 인상을 나는 그날 밤 강력하게 느낄 수 있었다. 음식점에 들어서서부터 나올 때까지 무려 열 번도 넘게 인사를 받는다. 음식을 나를 때마다 고개를 숙인다. 돈을 쓰는데도 이처럼 기분 좋게 쓰게 하는 상술이 세계인의 마음을 사로잡는다. '대충' '얼렁뚱땅' 이라는 말이 일본에서는 먹히지 않는다.

식후 거리에 나서니 그야말로 인파를 헤치며 걸어야 할 정도다. 그런데 한국여성을 구별하기란 식은 죽 먹기였다. 일본 여성은 파마한 사람이 거의 없어보였다. 생머리를 그냥 늘어뜨리거나 둘둘 감아올린 머리 스타일이 주종을 이루었다. 파마를 한 여성 가까이 가면 영락없이 한국말을 한다. 일주일 동안 일본 거리를 다니며 그 체험은 한 번도 틀린 적이 없으니 한국에서 골목골목마다 미용실이 많은 이유를 알 것 같다. 한국의 우리 아파트 앞길에도 미장원이 한 집 건너 있는 실정이다.

문화의 차이를 살펴보는 체험이야 말로 참 여행의 진수眞髓가 아니겠는가.

제3부 단풍의 추억

가을과 독서

아름다운 가을 풍광에 시심으로 돌아가는 순간을 맛보는 나날이다. 곳곳에 낙엽이 쌓여 발이 빠질 정도인데도 쓸지 않고 놔두는 이곳 지역민의 정서에 마음이 동화되어 푸근하다. 외곽지로 이사 온 후 서울 도심에서 살 때보다는 시야가 한결 트이고, 곳곳에 많은 녹지 공간을 배치한 마을 구성에 나는 매료당한다.

가을을 독서의 계절, 또는 등화가친이라며 책과 친해지기를 강조하는 포스터가 곳곳에 나붙어있지만 독서는 자신의 의지意志에 따라 행해지는 습관일 뿐이다.

학창시절 책 한 권 구해보려고 사력을 다하던 때를 생각하면 요즘은 읽을거리가 지천으로 널려있음에 행복하다. 올가을에는 남편의 독서열이 유난하다. 단행본 한 권을 하루 만에 독파하니 책장에서 잠자던 책들이 모처럼 주인을 만나 반기듯 한 느낌마저 든다. 이미 읽을 만한 책은 거의 읽었다. 젊은 날 요즘 같은 독서량이었다면 불가능한 일이 있었을까 싶은 생각에 핀잔도 해보지만, 늦깎이 독서광이라도 책을 가까이 하는 모습은 누구를 막론하고 아름답다.

낙엽을 밟으며 언젠가 길을 가다 본 적 있는 '아름다운 가게'로 발걸음을 옮겼다. 이틀이 멀다하고 책을 주문하는 남편에게 신간 서적을 대주기란 주머니 사정이 여의치 않아 옮긴 걸음이다. 이런저런 책들을 골라 바구니에 담고 나오려는데, 눈길이 언뜻 창문너머 가로수에 꽂힌다. 바람에 나부끼는 낙엽이 공중제비로 떨어지는 광경에 취한 시선이 채 이완되지도 않았는데 눈에 번쩍 띄는 책이 있다. 화가의 강열한 눈빛 자화상과 황토색 해바라기 그림의 표지화가 가을 분위기와 무척 닮았다는 생각이 들었다.

『내 친구 빈센트』, 집에 돌아오기가 바쁘게 책을 펼쳤다. 19세기 중반으로 돌아간 듯한 착각 속에서 빈센트와 친구가 되어 동행했다. 빈센트가 정규적인 교육을 받은 기간은 초등학교 3학년과 중학교 1년 과정뿐이란다. 그는 흔히들 말하는 불같은 정열의 소유자가 아니라 오히려 냉철하고 투철한 지성을 가진 사람이었다.

800여 통의 그가 남긴 편지는 극적인 생애를 대변하는, 삶을 객관적으로 보여준 자서전이었다. 빈센트의 삶을 그린 전기소설은 많고, 소설을 그만큼 많이 쓴 예술가도 드물 것이다. 못생기고 전혀 꾸밀 줄 몰랐던 그는 평생 단 한 여자도 제대로 사랑하지 못하고, 생활 또한 극빈이라 빵과 물로도 끼니를 잇기가 어려웠다.

28세부터 죽기까지 10년간 그는 1,250점의 유화와 1,000점 이상의 소묘를 그렸지만 단 한 점만 헐값으로 팔렸을 뿐이다. 현재 1,100점 정도가 세계 각국으로 흩어져 있긴 하지만 그의 그림이 세상에 알려진 것은 화상이었던 동생 테오의 공로다.

고흐가 고갱과 다툰 후 집에 돌아와 자기 귀를 잘라버린 일과 그의 가족들이 단명했던 병의 원인은 유전성 간질이라고 한다.

그는 직업으로 택한 화상畵商·교사·서점상·전도사 등 모든 일에 실패하고, 20대 후반부터 30대 후반에 이르기까지 그야말로 그냥 그림만 그리다가 세상을 등졌다. 평생 사랑을 갈구했지만 남들에게 제대로 이해 받거나 사랑을 받지 못했다. 세상을 향한 투쟁 방법이 어쩌면 그림이었는지도 모르겠다.

그의 동생 테오에게만 600여 통의 편지를 쓴 심정을 동생은 누구보다도 잘 이해하고 형을 불쌍히 여겼다. 일반적으로 고흐라면 해바라기를 떠올리지만 정작 그가 좋아한 것은 담쟁이였다. 그의 의식 속에 담쟁이나 해바라기는 결코 부패하지 않고 체념하지 않는 의지의 상징으로 부각되고 있다.

빈센트의 그림 중 「의사 가세」「오베르 교회」 그 외 여러 그림에서 나타난 곡선은 본래 정식 그림공부를 하지 않았기에 원근법을 몰라서 빈센트 나름대로 고안해낸 창작 법이었다. 사후 독특한 그의 그림은 빈센트 화풍으로 인정을 받았고 자리를 잡았다고 한다. 그의 그림들은 현재 세계 각국 미술관이나 박물관에 소장되어 귀한 대접을 받는다. 본국인 네덜란드와 영국 런던 국립미술관을 위시하여 암스테르담의 국립 빈센트 반 고흐·미국 예일대학·프랑스 루브르 박물관 등. 고흐 그림이 3점 이상 전시된 유명 미술관은 세계 스물두 곳이나 된다.

고흐 그림이 우리에게 친숙하게 다가오는 이유는 자연을 사랑하고, 추상을 철저하게 거부한 화가다. 그는 동시대의 화가인 농민화가 밀레를 누구보다 사랑했고, 농민의 생활을 꾸밈없이 보여준 밀레의 그림을 최고의 가치로 여겼다.

고흐가 생전 그의 그림에 대한 좋은 평가 한 번 받지 못하고 38세 나이로 세상을 등진 사실이 종내 안타깝다. 형이 죽은 지 일 년 후 갑자기 죽은 동생, 그의 미망인 요한나와 조카의 헌신적인 공헌으로 고흐는 세상에 다시 태어날 수 있었다. 제수는 그를 세상에 알렸고, 조카는 백부의 작품을 감상할 수 있게 만들어 그분의 꿈을 실현시켰다. 빈센트의 초기 그림들은 대부분 모델이 된 사람들에게 그저 줘버리거나 친분 있는 사람들에게 선물로 보내기도 했다. 그의 이상한 곡선이 배경으로 된 그림을 우스꽝스럽게 보고 받지 않으려고 한 사람들도 많았다고 한다.

빈센트 사후 백부의 그림이 많은 사람사이에 회자되자 조카는 그림을 수집하기 시작한다. 빈센트의 편지를 토대로 한 소설풍의 전기가 1920년 독일에서 나오자마자 베스트셀러가 되었고, 수많은 나라말로 번역되어 영화화 되었다.

프랑스 북쪽 오베르 공동묘지에 동생과 나란히 누운 형제의 무덤 주위에는 담쟁이 넝쿨이 묘지를 덮을 정도로 백 년의 세월 동안 가득 우거져 있다. 아무리 작은 소품이라도 40억을 호가(呼價)한다는 소식을 고흐가 지하에서 듣는다면 어떤 반응을 하려는지 궁금해진다. 빵이 없어도 물감만은 구하려고 그렇게 애쓴 고난과 눈물의 시간들, 이제는 그의 후손이 배불리 누리는 역사의 아이러니가 씁쓸할 뿐이다. 이 가을 『내 친구 빈센트』가 있어 행복했다.

독서의 계절

한 번의 입맞춤이 내 인생 미래라고
스페인 살바도르 아내인 갈라 만나
정열적 『사랑의 밀어』 부럽기도 하여라

어머니 만수무강 기원한 유복자로
동물을 흉내 내며 춤을 춘 효자 아들
김만중 효심의 작품 『구운몽』에 반하네

태어나 둘러보니 주위는 온통 바다
들리는 파도 소리 절망에 울었다던
김성우 『돌아가는 배』 나의 감성 키우네.

가을에 만난 가인(歌人)

가을 정취에 젖어 스산한 마음으로 덕수궁 돌담길을 따라 걷는다. 이 길을 걸으면 바쁜 현실에의 들뜬 마음도 차분히 가라앉고 정감마저 어린다. 몇 년 전까지만 해도 삶에 대한 활기로 의욕이 넘쳤건만, 세월이 의식되는 요즘에는 처진 듯한 자신감에 심성마저 둔해진 느낌이다. 무슨 일에나 적극적이었던, 젊은 날의 불꽃같던 열정도 소진(消盡)되어버린 지금 글을 써보고 싶다는 작은 불씨 하나가 버팀목 되어 그나마 나의 존재를 인식케 한다.

음악회, 연극공연을 빠지지 않고 두루 관람하는 한 지인으로부터 최근 자신이 본 연극 한 편이 좋았다며 표 두 장을 마련해 주었다. 토요일 오후, 간간이 내리는 비 탓인지 몸과 마음이 후줄근하다. 하지만 곧 만날 입담 좋은 친구를 생각하며 정동극장으로 걸음을 빨리 한다.

막이 올랐다. 지나간 모습들이 그리운 60대 중년계층의 삶 언저리에 추억처럼 남아있는 약장수 이야기와 노래를 담은 악극이었다. 고풍의 시골 간이역이며 그 시절의 정서에 부합하는 무대 양식에 정감이 어리고, 젊은이들에게는 기성세대의 문화를 거슬러 이해시키는 장이기도 했다. TV영상시대가 막을 여는 60년대를 배경으로 평양 기생의 딸 더벅머리, 고수鼓手 출신의 모갑이, 그리고 전형적인 양광대 약장수 세 사람이 시종일관 이야기를 끌어갔다.

연극을 보노라니 60년대 내가 겪었던 정신적 갈등이 새삼 생각났다. 춥고 암담했던 당시에 부족했던 것은 물질만이 아니었다. 마음이 텅 비어 정서마저 고갈된 상태에서 한없이 그리운 건 따뜻한 사람의 정이었다. 마음이 추울 때 누군가 손내밀어준다면 온기를 찾을 수 있겠다는 염원으로 가슴저려하던 시절이었기에 그 연극이 보여준 시대상의 서민이야기가 나를 울렸는지도 모르겠다.

모갑이의 보호 아래 살고 있는 더벅머리는 전통 여인의 길을 강요당하는 가운데 시장터의 광대로 전락, 새로운 세상에 적응하려는 떠돌이 약장수와 눈이 맞아 비극의 나락으로 떨어지는 상황을 잘 보여준다. 구세대와 신세대의 대립 속에 우리가 무엇을 잃어가고 있는가를 암시하는 극이었다. 남존여비사상의 굴레를 벗어나보려 애쓰지만, 전후의 어수선한 사회 구조 속에서 그녀를 기다리는 것은 절망과 타인의 질시뿐이었다.

더벅머리 역의 가수가 부른 곡은 「수심가」 「정선아리랑」 「화류춘몽」이며 「애수의 소야곡」 「남포동 부루스」 「소양강 처녀」 등이다. 식민지 시대에서 60년대에 이르는 옛 민요와 가요가 파노라마처럼 펼쳐지며 수더분한 웃음과 눈물을 보여주었다. 요즘 젊은이들이 부르는 아리송한 가사와 빠른 곡이 아니었다. 배반당한 사랑이며 삶의 애환이 담긴 내용이지만 정이 듬뿍 느껴졌다.

대중가요를 클래식보다 가치와 창의성을 낮게 여기는 시각도 달라져야겠지만, 트로트의 원동력은 서민의 애환이 담겨있는 리얼리티의 마력에 있다고 해도 좋을 것이다. 고난의 시기가 유난히 많았던 우리 민족사에서 서민의 가슴을 달래준 음악은 오페라가 아니었다. 「목포의 눈물」 여왕 이난영이 있었고, 「눈물 젖은 두만강」의 김정구가 있지 않았던가.

지난해 가을 친정어머니 기일에 네 자매가 모여 이튿날 포항 바닷가를 찾은 적이 있었다. 연세 80의 큰언니가 바다를 망연히 주시하더니 '울려고 내가 왔던가 웃으려고 왔던가, 비린내 나는 부둣가에 이슬 맺힌 백일홍…' 하며 갑자기 눈물을 훔쳤다. 그 노래는 만만찮은 인생살이의 언니에게 시름을 달래주는 영약靈藥이었다. 장남에게 시집간 언니는 많은 시동생 뒷바라지에 헌신을 다했다. 삶이 힘들 때마다 그 가사를 흥얼대던 모습을 우리 자매들은 여러 번 보았다.

현대가요 중에도 좋은 가사와 곡들이 있어 외워보려고 몇 번을 연습해도 도저히 머릿속에 들어가지 않는다. 그런데 예전 노래들은 언제 그렇게 머리에 입력이 되었는지 줄줄이 나온다. 우리는 그날 바닷가에서 「동백아가씨」 「찔레꽃」 「이별의 부산정거장」 등 옛 노래를 그야말로 질펀하게 불러대며 울고 웃기를 반복했다.

연극 한 편이 주는 의미가 크게 부각되어 온 것은 나의 내면에 감춰진 순수와 인성人性을 새삼 찾을 수 있어 좋았다. 젊은 날엔 얕은 지식으로 아는 척, 없어도 있는 척 위선을 부렸고, 타인의 작은 불의에 엄격한 잣대로 질타하곤 했다. 쓸데없는 만용이었다. 그게 무슨 의미가 있으랴! 패기霸氣조차 바람 빠진 고무풍선마냥 위축되고만 지금, 세상을 보는 눈이 한결 부드러워졌다는 친구의 말이다.

연극이 끝난 후 우리는 낙엽을 밟으며 정동 길의 한 찻집에 들어갔다. 그날따라 입담 좋은 친구는 낙엽만 바라볼뿐 말이 없었다. 연극의 감동 때문이려니 생각했는데, 경기도 외딴 곳 숲속 정박아들의 단체생활 공간에서 기거하는 막내아들이 생각난다며 슬픈 표정을 지었다. 더벅머리가 불렀던 「수심가」의 처연한 단조 음에 친구는 아들이 생각난다며 울먹였다. 생후 3개월 만에 고열로 뇌성마비 판정을 받은 막내아들이 그녀에겐 고통의 십자가였다.

시인은 말한다. '아프니까 사람이다. 외로우니까 사람이다. 슬프니까 사람이다.' 라고. 세상 이치가 그런 걸 어찌하랴! 친구의 눈물에 나는 숙연해지고 말았다.

'인생이란, 삶이란 무엇인가?' 라는 질문에 어떤 답을 할 수가 있으랴. 35년간이나 그 답을 얻기 위해 떠돌다 침묵만이 감도는 알바니아에 도착한 주인공이 결국 '삶은 자기의 영혼을 찾아가는 여행' 이란 간단한 결론에 도달하는 『율리시즈의 시선』에 공감하는 날들이다.

앞으로 남은 내 인생의 여정에서 사랑의 향기를 발하며, 타인에게 편안한 존재로 인식될 수 있다면 나는 정말로 행복하겠다.

노후의 즐거움

숲길 사이로 건너편 초등학교 교정校庭이 내 집 앞마당처럼 훤히 내려다보인다. 여름에는 나뭇잎이 무성하여 보이지 않던 학교 정경이다.

이곳으로 이사 올 적에도 손자들이 다닐 학교가 집 근처인 점이 좋았고, 학교와 아파트 사이의 숲길에 매료되었다. 봄이면 숲길에 심어진 살구나무가 군락을 이루어 분홍빛 꽃 단지를 이루고, 우리 집 창가에는 키 큰 은행나무가 즐비하다.

만추로 접어들어 바람이 한 차례씩 불고 지나갈 적마다 황금빛 은행잎이 눈 내리듯 휘날린다. 가을의 은행잎은 봄 벚꽃이 질 때와도 흡사한 경치를 제공한다. 초록물결이 넘실대던 여름철에는 책을 읽다가 눈을 돌리면 짙은 푸르름이 눈의 피로를 풀어주기도 한다.

예전에는 이즈음의 계절을 보내기가 내겐 벅찼다. 정서적으로 축 처져버리는 상태의 몸과 마음에 대한 비상처방을 모색해보았지만 내 역량으로는 부족함을 번번이 경험했다. 차라리 추운 겨울이라도 빨리 오면 정신이 한결 맑아질듯 한 기분마저 들었던 터다. 책 읽는 습성이 몸에 배어 침체된 정서를 메워주는 수단으로 정착되었다는 게 그나마 다행이었다.

장남 내외의 맞벌이로 손자들을 맡은 지 몇 년간의 수지결산을 따지자면 단연 이익이 많다. 늦가을이면 찾아오던 마음속의 허전함도 다른 주인을 찾아 떠났는지 이제 내게는 오지 않는다. 개인적인 나의 시간은 좀 줄어들었지만 아이들이 우리부부에게 선사한 즐거움은 그 무엇과도 비교할 수가 없다. 남들은 학교가 가까워 학생들의 소음을 좋지 않은 조건의 첫 번째로 삼았다는데, 내겐 생기를 주는 원천같이 느껴져 오히려 반가웠다. 그간 별 대화 없는 남편과 살다 보니 집은 적막강산으로 종일 입 한 번 뗄 기회조차 생기지 않았다.

요즘에는 운동장에서 공차기를 하는 손자 녀석의 모습도 간혹 눈에 잡힌다. 특기로 축구를 내세울 만큼 순발력 있는 몸놀림을 보면 아들의 어린 날이 생각나 웃음이 나온다. 한 달에 운동화 한 켤레씩을 사야 했으며, 군대에 갔을 때도 스케이트 선수로 출전했던 경력을 가졌다. 그런 아비를 닮은 자식의 유전적 피 내림에 몸조차 움츠러든다. 아이들이 어른의 습성을 본받아 자신의 인격을 형성해나가는 과정을 보면 나의 언동도 자연 조심하게 된다. 나는 체육 수업시간이 끝날 때까지 사랑하는 녀석의 동태를 살펴보는 즐거움에 창가를 떠나지 못한다.

한국적인 현실에서 맞벌이를 하는 아들 내외에게 내가 헌신할 수 있는 부분이 있다는 것만 해도 내겐 위안이 되고 자부심마저 생긴다.

몇 년 전 아들 내외가 손자들을 부탁했을 때 약간의 고민이 없었던 건 아니다. 하지만 나이 들어가며 오로지 나만을 위해 시간을 다 사용한다는 부분에서는 나 자신 염치없는 행위라는 판단이 섰다. 나라를 위해 생산적인 아무런 일을 하지 못한다는 무력감까지 양심의 가책을 더욱 느끼게 했다. 손주들을 맡지 않을 이런저런 명분을 찾아보아도 내가 맡지 않을 뚜렷한 이유를 발견할 수 없었다.

여러 곳을 여행하며 즐길 기쁨도 반납하고 아이들을 맡기로 한 데는 한창 성장하는 식물도 어릴 때 자세를 바로 잡아주어야 좋은 결실을 맺을 수 있다는 보편적인 진리가 생각나서였다. 훗날 좋은 결실을 맺는데 이 할미의 노력이 조금이라도 한 역할을 담당했다면 그보다 더 큰 수확이 어디 있을까 싶다.

아들내외가 맞벌이한다고 하루 종일 집을 비우고 아이들을 내버려둔 결과를 우리는 톡톡히 경험했다. 내가 손자들을 맡은 즈음 아이들의 건강은 말이 아니었다. 체중은 표준미달로 얼굴에는 버짐이 피어 영양결핍 상태였다.

현재 아이들의 건강상태는 매우 양호하다. 무엇보다도 아들내외가 안심하고 직장에 충실할 수 있는 점도 반갑다. 할머니가 아이들을 맡으면 학력이 저하되고 버릇이 없다는 세간의 우려를 의식할 때도 있다. 하지만 내 방식대로 오후 8시부터 일체의 소음을 차단시키고 한 시간의 독서시간을 만들었다. 할아버지 할머니 손자 둘이 둘러앉아 책을 읽는 순간이 이제 가장 즐거운 시간으로 자리를 잡았다.

아이들과 같이 살지 않았을 때는 '저희들 부모가 잘 키우겠지' 생각하며 그저 방관자의 자세로 일관하다가 함께 생활하다 보니 정신이 번쩍 들었다. 방과 후 여러 학원을 전전하는, 이런 방법이 과연 옳은지 늘 회의懷疑가 들곤 한다.

미국에 사는 나의 친구 얘기를 듣자니 그 지역에서는 방과 후 초등학교 아이들은 무조건 뛰어놀게 한단다. 무엇을, 누구를 위해 머리도 아직 여물지 않은 어린 아이에게 그토록 공부를 강요하는지 이해가 잘 되지 않는다. 지나친 경쟁심이 불러올 결과를 생각하면 두렵기도 하다.

학교에서 돌아온 아이들이 바쁘게 짜여 진 일정에 맞추느라 허둥대는 모습만 없다면 나는 정말 행복하겠다. 어른한테 인사하는 태도도 좋아져서 가족 모두가 좋아하니 나도 신바람이 난다. 예의 바르게 자라날 손주들의 미래를 상상하며 간식을 준비하는 이 시간도 내게는 큰 즐거움이다.

남해안 순례길

가을이 있어 자연의 아름다움은 더욱 빛을 발하는 것 같다.

여행은 가을에 해야 제격이라는 어느 시인의 말이 아니더라도 가을은 떠나고 싶은 계절이다. 가을만 되면 가슴속에서 꿈틀대는 광기가 바람을 몰고 와 어디든 가지 않고 배기지 못하는 몸뚱아리는 유기감각의 포로가 되어 이성을 잃는다.

나의 존재가 비록 미립자에 불과하지만 언제 어디든지 누구의 간섭 없이 떠날 때 떠나고 돌아오고 싶으면 돌아올 수 있는 팔자가 되지 못한 것이 한스러울 뿐이다.

거제도 여행 제안을 받고부터 내 오관은 이미 흥분되기 시작했다. 2박3일의 천금 같은 여행기간을 잡기 위해 찬 준비를 부지런히 한다. 남편을 생각하면 새털 같은 나날 속에 단 여덟 끼를 해결하지 못할까 싶기도 하지만, 외식도 마다하며 원체 몸을 잘 움직이지 않는 성정性情이라 걱정스럽다. 하지만 입맛에 맞는 국만 있으면 되는 남편이 이럴 때는 고맙다. 사골 뼈를 사다가 진한 국물을 내어 육수를 만들고 김치와 파를 잘게 썰어 냉장고에 넣었다.

요즘 6~70대 남편들은 국을 끓이면 긴장을 한다. 또 이사할 때면 자기를 떼어놓고 갈까봐서 이삿짐 차의 운전수 옆자리에 냉큼 올라탄다는 우스갯소리가 있다. 예전에는 이 나라를 부흥시킨 주역들이었다. 인생 후반기의 남편 위상이 어쩌다가 이렇게 추락되었는지 요즘의 세태가 야박한 것 같아 어떤 때는 안쓰럽기까지 하다.

하지만 남편은 내가 국을 아무리 자주 끓여도 별다른 반응이 없다. 그의 무관심이 고맙기도 하지만 어떤 때는 섭섭한 감정이 들기도 한다.

초행길이기에 궁금증을 가지고 떠나는 발길은 힘이 솟는다. 남해대교를 지나 거제로 들어서는 바다 위로 몇 개의 다리가 각각 다른 모양새로 이어져 '아름다운 다리'로 선정되었단다. 우리는 잠시 차를 세우고 남해의 푸른 물결을 바라보았다.

하늘과 바다가 서로 내기라도 하듯 푸르디푸른 잉크 빛이다. 우주든 바다에든 흰 무명천을 던지면 이내 청색으로 물들 것 같은 색조에 마음조차 청순해진다.

가슴이 확 트인다. 바다를 향해 목청껏 소리를 질러보지만 이내 차량들의 소음에 파묻히고 만다. 창선대교·삼천포대교·거제대교 중 삼천포대교는 '가보고 싶은 아름다운 길' 대상을 받은 곳이라니 그 아름다움을 말로 하여 무엇 하랴!

바다는 보고寶庫다. 수산 식량의 공급처이며 세계석유생산량의 약 30%를 바다 밑에서 캐낸다. 지구 표면 70%를 거의 점하는 바다는 대륙을 연결하는 통로다. 우리나라 국내총생산의 7할이 무역에 의존하여 살 길을 열어준 바다, 고마운 바다.

문학은 따지는 삶이 아니요, 느끼는 삶이라 했던가! 김춘수 시인의 시 '꽃' 에서처럼 '우리는 모두 무엇이 되고 싶다/나는 너에게 너는 나에게 잊혀 지지 않는 하나의 의미가 되고 싶다'고 한, 꽃 제목이 바다로 바뀌어 그 순간 나 자신도 바다에 잊히지 않는 하나의 의미가 되고 싶었다. 바다가 내게 의미 있는 존재로 된 건 이미 유년 시절부터지만.

한적한 어촌의 거제도, 머릿속에 낭만적 생각을 하며 갔는데, 천지개벽의 모습으로 다가올 줄이야! 즐비하게 선 고층아파트의 생경스런 모습에 정신이 먹먹해진다.

아! 예전의 그 풍경은 어디로 갔단 말인가! 문명은 순수를 거덜 내고 이기심만 부추겨 사는 모습들이 각박하기 이를 데 없어 보인다.

이제 전형적 어촌 모습은 어디에 가도 찾기 힘들게 된 현실이다. 크든 작든 어느 곳이나 도시로 탈바꿈해버린 이 시점에서 나는 비애悲哀가 몰려와 마음이 울적했다. '넓고 넓은 바닷가에 오막살이 집 한 채' 동요까진 상상하지 않았지만 대도시에 우후죽순 격으로 지어대는 아파트를 이 청정한 바닷가에 지어놓았다니, 어이가 없어 실소失笑를 금할 수가 없었다.

해안에는 삼성과 포항 등 우리나라 굴지의 제철소가 위용을 자랑한다. 최근 한국을 방문한 폴 케네디 교수는 "18세기에는 영국이 세계 제일의 조선국이었지만 오늘날은 한국"이라며 우리나라의 해양력 발전을 찬사했다. 하지만 바닷가의 낭만적 모습만 상상했던 터라 현실의 모습에 허탈한 기분으로 차에 올랐다. 한참을 가다가 바다와 접한 산 쪽에 층층으로 만든 천수답 다랭이 논을 보니 마음이 풀리며 비로소 웃음이 나온다.

남해 가천 다랭이 마을은 세계문화유산으로 지정된 곳이다. 누런 벼 포기가 바람을 타고 이랑 따라 누웠다 섰다 하는 장면은 실로 장관이었다. 푸른 바다물결과 황금색 논의 조화가 이렇게 좋은 색상배열이 될 줄이야! 절벽 위에서 바라본 경치는 최고의 자연 선물이었다. 시간이 넉넉하다면 어둠이 몰려왔을 때 바다와 어떤 색상의 대비로 조화가 될지 궁금했지만 다음 행선지를 향할 수밖에 없었다.

이순신 장군의 순직 34년, 인조 10년(1632)에 지은 사당 충렬사를 오른다.

'됴량바다는 리충무공 전사하신 데라 여긔에 충렬사를 세우니라'는 비석이 사당 앞에 서 있다. 예나 지금이나 '사촌이 논을 사면 배가 아프다'는 한국인의 인성이 충렬사에 새겨진 글귀에서도 느껴져 한심스럽고 안타까웠다. 묘소 앞에는 전 박정희 대통령이 기념식수한 히마리야시드 나무 한 그루가 서 있고, 30m 높이는 됨직한 백일홍이 장군의 혼을 위로하듯 만개하여 주위를 분홍빛으로 물들인다.

일행은 바닷가로 내려와 이순신 장군이 호령하던 거북선 모형 배에 들어가서 그런 구조를 구상하신 명석한 두뇌에 새삼 감격한다.

여행을 할 적마다 시간은 어떻게나 빨리 흐르는지 발길이 늘 바쁘다. 체력 또한 중노동을 하는 것만큼이나 소모된다. 해가 어스름해지자 시장기를 느끼고 맛집을 찾아 나선다. 해안의 횟집들마다 색색의 네온이 요란스럽다. 우리는 식당을 찾다가 어느 횟집으로 들어간다. 현지에서 잡아 올린 싱싱한 횟감으로 식사한 후 남해의 해금강에 눈길을 빼앗기며 숙소를 향한다.

이튿날 새벽, 해풍에 실려 온 갯내가 잠을 깨운다. 인생의 길에도 기쁨과 슬픔이 늘 교차하듯, 좋은 경치에 감탄한 순간도 잠시 뼈아픈 역사의 상흔이 산재한 '거제도포로수용소'를 방문한다.

6·25한국전쟁으로 인하여 포로 70만 명이 생활하던 곳이라 도처에 널린 전쟁의 흔적을 보니 기분이 우울했다. 그때의 상황을 사진과 실물로 돌아보며 이 지구상에서 전쟁은 결코 일어나선 아니 될 일임을 뼈저리게 느꼈다.

숙연해진 기분을 뒤로하고 외도 보타니아를 향해 유람선을 탔다. 배가 미끄러지듯 달릴 때 바다 표면과의 마찰로 튀어 오르는 물방울이 공중으로 분분하게 흩어진다. 물 입자가 하얗게 부서지며 머리 위로 날리니 그 청량감을 어떻게 표현하랴! 해금강 일대를 한 바퀴 유람한 뒤 아름다운 섬에 닿는다. 한 사람의 앞선 의식이 엄청난 관광자원과 부를 창출한다는 점을 느끼게 하는 섬이다. 동서남북 위아래 어디를 보아도 세련된 감각의 인공미와 섬 전체가 천연 동백 숲으로 아름답다.

40년 전 경영주 최호숙 부부가 4만8천 평의 불모지 외딴섬을 사들여 개간하여 오늘의 훌륭한 관광지로 탈바꿈하기까지 고생했던 결실이 곳곳에 드러나 감탄스럽다. 10여 년 전 캐나다를 일주할 때

빅토리아 섬에서 본 버챠드 정원이 생각났다. 석회석을 캐내다가 주변 땅이 황폐해지자 1904년 버챠드 부인이 꽃을 심기 시작했다. 그 정원은 세계 각국 정원을 만들어 놓고 세상에 존재하는 모든 꽃은 다 있다는데, 아마도 천국이 있다면 그런 모습일 거라고 말할 정도였다. 그런데 우리나라 정원은 없어서 매우 섭섭했던 기억이 난다.

캐나다에 관광을 가면 그 정원은 필수적으로 들리는 곳이라 한다. 척박한 땅을 개간하여 훌륭한 관광자원과 그 나라의 위상을 높이는 교두보 역할을 한 점에서 그 분들 모두에게 존경심이 일었다.

가을은 아무리 생각해도 반갑고 고마운 계절이다. 사소한 근심이라도 비집고 들어올 틈이 없다. 그저 가을빛에 흠뻑 젖어 눈앞에 펼쳐진 광경에 눈길을 주기만 하면 된다. 거제도 해안 길 700리를 돌아보고 청마 유치환 선생의 생가를 찾아갈 때는 모두들 신이 났다.

통영과 거제시가 서로 자기 고장 출신이라고 우기며 싸운다니 문인의 뿌듯함이 몸으로 느껴진다. 인도의 타골을, 영국이 세익스피어를 두고 '나라와도 바꾸지 않겠다.' 고까지 하지 않았던가! 어느 정치가나 과학자 때문에 다툰 적은 없지만 문학가를 위한 다툼이라니, 문학을 하는 우리로서는 긍지를 갖지 않을 수가 없었다.

어렵게 찾아간 골목 안에 '청마생가'란 작은 팻말 하나만 달랑 서 있다. 통영에서 청마문학관을 번듯하게 지어놓은 것에 비하면 초라한 모습이지만 나는 왠지 이곳이 더욱 정겨웠다. 돌담 밑 꽃밭에는 채송화와 금잔화며 맨드라미가 심어졌고 뒤 곁엔 디딜방아와 우물이 있어 어린 날의 추억을 떠올린다.

생가의 지킴이는 말했다. 시인이 통영우체국에서 여류시인 이영도를 사모하며 매일 한 통씩의 편지를 부쳤던 연유로 통영에서 출생지라 우기는 건 맞지 않다고.

1908년에 태어나신 유치환 선생의 이 생가가 이 모습 이대로 유지됐으면 좋겠다고 소원하며 발길을 돌렸다. 그러나 이곳도 종내는 문명이란 허울 좋은 명분으로 시멘트 건물로 바뀔 것은 아닌지 걱정스럽다. 삶이 바쁘고 지칠 때마다 맘 편히 기댈 수 있는 자연, 안기려고 하면 항상 포용해주는 자연, 가을빛에 푹 빠져 본 참 여행이었다. 이번 여행에 시종일관 9인승 승합차로 일행을 태우고 운전해주신 K 장로님께 감사의 마음을 전하며 오래도록 건강하시기를 늘 기도드린다.

곰티재의 추억

큰 남동생이 경북 청도군 매전면 외가 동네에 시골집을 지었다.

어머니 생전의 소망에 따라 당신의 어린 시절 꿈이 있던 곳에 집을 마련한 남동생의 정 깊은 배려였다. 1년에 한 차례씩 돌아가며 모이는 형제모임 연례행사를 금년에는 이곳 시골에서 맞았다. 앞마당에 모처럼 형제들 내외간이며 조카들이 모여 이야기보따리를 풀어놓는 시간을 가졌다.

외가 동네에 와본 지가 족히 오십년을 넘는다. 까마득한 시공간을 넘은 이 시점時點에선 산천도 낯설어야 하건만 그다지 이질감이 느껴지지 않는다. 아마도 어머니의 온정이 남아있는 고장이어서 인 듯싶다. 나지막이 뻗어있는 산줄기를 돌아드니 댕기머리 나풀대며 뛰놀던 어머니의 유년시절이 바로 거기에 있었다.

객지 타향에서 모진 살림살이 떠맡아 머리칼이 빠지도록 이고 졌던 덕분에 우리 형제들 고등교육 뒷바라지에 잠시 고향을 잊은 듯도 하였다. 하지만 어머니의 마음속에 품은 고향은 어쩌면 갈 수 없는 머나먼 나라였다. 돌아가신 뒤에야 비로소 소망을 이루어 드렸으니 어머니의 한을 조금이라도 풀어드리지 못한 건 아니었는지 우리 형제들은 내심 초조했다.

역에서 내려 여기까지 오는 도중 차를 얼마나 달렸을까, 꼬불꼬불 경사진 곰티재가 나왔다. 풍요로운 시대에 나는 승용차로 편안히 타고 왔건만 어머니는 이 고개를 무수히 걸어 오르내렸을 것이다. 아련한 추억을 헤집어 보매 어릴 적 엄마 손잡고 외가 갈 때 기차에서 내려 길이 멀다며 다리 아파 죽겠다고 칭얼대던 생각이 아렴풋이 떠오른다. 홀몸으로 가기에도 힘든 길이거늘 머리에 짐을 이고 한 손으로 내 손 꼭 잡아주던 엄마 생각 간절하여 곰티재를 넘으며 눈물을 참으려고 애썼지만 내 의지대로 되질 않았다. 철들어 부모에게 효도하려 하나 세월은 기다려주지 않는다는 옛말이 생각난다.

뒷마당 정자에 잠시 누워 이곳의 풍광을 둘러보았다. 텃밭에 심은 가느다란 고춧대에는 고추가 주렁주렁 매달렸고, 팔뚝만한 열매를 단 가지 포기가 버겁게 보인다. 돌담아래 한 아름 무리지은 달맞이꽃은 달이 떠야 피려나, 입을 꼭 다물고 있는 품새가 새침데기 같기만 하다. 돌담을 둘러선 감나무들이며 집 앞에 흐르는 맑은 개울물, 겹겹이 포개진 산등성 등성 속, 집 옆에는 과수원이 있는 이 시골 경치가 어머니의 가슴처럼 넉넉한 모습으로 한 눈에 들어온다.

눈을 들어 앞쪽 벌판을 바라보니 탈곡기의 덜덜거리는 음률 따라 알곡과 쭉정이가 가려져 나오는 풍경에 가을의 정취가 더욱 짙게 느껴진다.

어머니가 지금 이런 환경에서 사신다면 얼마나 행복해하실까 하는 상념에 젖어 잠시 잠이 들었는가 싶은 순간, 비몽사몽간에 젊은 모습의 어머니가 파르스름한 한복을 곱게 입고 나타나셨다. 정말 아름다운 자태였다. 어머니가 계신 그곳은 평온한 곳이기에 근심이 없어서일까. 나는 어머니 손을 잡으려고 내밀었는데 미소 띤 어머니는 영화 속 화면마냥 클로즈업되었다가 서서히 사라지셨다. 당신이 사랑하는 아들 딸 손자들이 모인 그 시각, 어머니는 분명 찾아오신 것 같다. 허전한 마음에 앞마당으로 돌아 나오니 잔디밭에 풍성하게 차려놓은 음식이 영락없는 잔칫집이다. 지금처럼 맛있는 음식을 푸짐하게 드셔보지 못한 어머니의 그 세월이 원망스럽기만 했다. 낙엽을 태울 양으로 마당 귀퉁이에 갖다놓은 커다란 무쇠 솥에 낙엽을 쓸어 모아 불을 지폈다. 알싸한 연기 속에 목이 따가워 옴은 비단 연기 때문만은 아니었다. 늦게 둔 아들들의 성공한 모습을 보셔야 했고, 고생한 인생의 보상을 충분히 누렸어야 했는데… 그 시각 왜 그리 억울한 생각이 드는지 모를 일이었다.

항상 밑지고 사는 게 인생인가! 후일 내가 이 세상에 없을 때 우리 아이들도 지금의 내 심정처럼 애틋하게 나를 그리워할까? 아마도 아닐 것 같다. 생활에 찌들어 모진 고생하는 엄마 모습을 본 적이 없기에 좋은 세월 살다가셨다고 느끼리라.

애틋하게 나를 그리워하지 않는다 하더라도 한 세상 그럭저럭 잘 살아왔다. 내 자녀들과 손주들이 자라면서 보여준 애정과 기쁨을 느꼈던 일 그 자체로 나는 충분히 보상을 받은 셈이다.

주말이면 곰티재를 넘어 시골집에 와서 글도 쓰고, 어머니 정기가 서린 그곳 산천을 사랑하는 남동생의 모습이 미덥기만 하다.

남동생은 모 신문사에서 오래 봉직한 후 기록 작가로 변신하여 굵직한 타이틀의 책들을 여러 권 집필했다. 몇 해 전 완성한 『대구·경북 야당사』는 '대구민주화기념보존회'에서 의뢰받아 1,088 페이지의 대작을 완성했다.

『초미草靡의 바람』 겉장을 펼치면 양면에 걸쳐 풀잎이 나부끼는 영상을 배경으로 작가의 의지를 밝힌 짤막한 글이 눈을 사로잡는다. '풀은 키를 재지 않는다. 평등이다. 풀은 어울려 새 깃들 보금자리를 엮는다. 대화다. 풀은 바람이 불면 피할 줄 안다. 초미草靡다. 그리고 민초民草는 일어선다.'

그 외에도 『매일신문 50년사』 『대한민국 체육 50년사』며, 다수의 수필집 등을 펴냈다. 책의 출판기념일에 나는 대구로 내려가 영광스런 동생의 모습을 볼 때도 어머니 얼굴이 떠올랐다. 대통령의 친필 편지, 국회의원들을 비롯한 사회 저명인사들이 동생을 칭송하는 가운데 식은 성대하게 치러졌다. 또 여동생도 문단에 등단하여 필력을 펼치니 내 마음이 뿌듯하다. 작은 남동생 내외도 중·고등학교 교사로 동생은 전국 모든 산을 섭렵하여 등산하고, 프랑스 일본 등지의 산에 대한 기록물까지 등산 박사가 되었다. 어머니도 동생들의 대견한 모습을 천상에서 보시고 흡족하게 여기실 터다. 내 인생의 추억 속에 엄마 손잡고 곰티재에 섰던 먼먼 옛날 어머니 모습이 첫 번째 영상으로 남아있다. 지워지지 않는 그 모습은 내 마음속에 영원히 자리하고 있을 것이다.

외가와 어머니의 초상(肖像)

한 모롱 돌아가다 뒤돌아 바라보면
굽굽이 사연 많은 길 위의 숨은 자취
하 많은 인생의 여정 애닯기도 하여라

어머니 발뒤꿈치 놓칠까 쫓던 길에
보퉁이 무거워서 자라목 되던 모정
자식들 먹거리 이고 가쁜 숨 몰아쉬네

반기던 외가 식구 모두가 구천 들고
서러운 인생살이 망향의 노랫가락
추억의 사진첩 속에 침묵으로 박혀 있네.

혜경궁『읍혈록』문학비 건립

한 해의 마지막을 향해 달리는 시간이 무척 빠르게 느껴진다.

만추로 접어든 계절은 참 아름답다. 꽃보다 더 곱게 물든 색색의 낙엽에 소녀 적 감성이 되살아난다. 나이 들어 육신은 볼품없건만, 마음은 어찌 이리도 낭만 속으로 침잠하는지 모를 일이다.

화성 용주사로 차를 타고 갈 때만 해도 마이크를 잡는데 대한 두려움으로 가슴이 떨려왔다. 며칠 전 L 박사님께로부터 '혜경궁읍혈록문학비' 건립행사에 사회를 맡아달라는 부탁을 하시기에 나는 잠시 머뭇거렸지만 거절할 용기가 나지 않았다.

수필을 강의한답시고 수 년 간 회원들을 가르치고 있긴 하지만, 나는 본래 많은 사람들 앞에 서면 청산유수 같은 달변가와는 거리가 먼 타입이다. 하지만 내가 존경하는 분의 엄명(?)이기에 감히 거절할 용기가 나지 않았다.

박사님은 나를 문학의 길로 이끌어주신 분이며 어느 단체에서건 좌장座長으로 인품이 뛰어나시다. 학창시절 교과서에 「갑사 가는 길」수필이 실려 감명 깊게 읽은 뒤 뵙기를 원했는데, 사회에 나와서 박사님을 만나고 그분 손에 이끌려 문단에 등단까지 할 줄을 내 어이 알았겠는가! 박사님과는 거의 30년간을 한 단체에서 회원으로 만나며, 내 인생의 길라잡이로서 늘 존경한다.

2010년 10월 30일, 용주사 경내로 발을 들여놓는다. 몇 백 년 세월의 풍상을 맞고 선 느티나무인지 밑둥치만 보아도 만만찮은 고목이 문학비 앞을 가로막고 서 있다. 바람이 회오리쳐 불 때마다 꽃눈 같은 낙엽이 우수수 날린다.

혜경궁 홍씨의 삶을 외면할 수만 있다면 그러고 싶을 만치 한 많은 여인, 『읍혈록』은 죽기를 무릅쓰고 네 번에 걸쳐 피눈물을 흘리며 기록한 전본이다. 말 그대로 눈물 읍泣, 피 혈血, 기록할 록錄이다.

문학비 앞에 서는 순간 많은 보도기관들의 플래시 세례를 받자니 떨리는 마음을 다잡지 않을 수 없었다. 내가 마치 역사의 죄인인양 속죄하는 기분마저 들었고, 얼굴도 모르는 여인의 환영이 눈앞에 선 듯한 착각이 들어 가슴이 답답했다.

작가는 사도세자의 부인으로 영조의 며느리요, 정조의 어머니며 순조의 할머니시다. 1735년 홍봉한의 둘째 딸로 태어나(영조 11년) 아홉 살에 세자빈으로 간택되어 열 살에 국혼을 치른다. 혜경궁은 구중궁궐에서 파란만장한 삶을 살다가 1815년(순조 15년) 81세로 생을 마친 비운의 여인이다. 그 당시 시대적 상황에서 보면 장수를 하신 삶이라 가슴에 고통과 한을 품은 긴긴 세월을 어이 참고 살았을까 생각하니 연민의 정이 내 마음을 파고든다. 남편의 죽음을 지켜보며 왜 따라가고 싶은 마음이 없었으랴! 하지만 그녀는 시아버지와 남편

간의 어느 쪽에도 치우치지 않은 진실을 손자인 순조에게 전하고자 결심했다.

또 대를 이어 보위에 오를 아들과 손자에게 보임으로써 남편 사도세자와 친정지친들의 억울한 죽음에 대한 설원雪冤과 복권復權에 한 가닥 희망을 걸고 치열하게 기록했다. 내가 학창시절 배웠던 『한중록恨中錄』 또는 『한중만록閑中漫錄』은 고증을 거치지 않고 잘못 붙여진 책의 명칭이라고 한다. 제막식을 하는 도중途中에도 용주사 뜰을 스치고 지나가는 찬바람이 먼지를 일으키고, 빛바랜 갈잎만이 을씨년스럽게 날린다. 저렇게 다 떨어져 가는 것을…인생도 시절이 다하면 목숨을 떨칠 수밖에 없는 운명이거늘, 무슨 영광을 위하여 사람들은 저리도 음모와 모략으로 생을 허비하는 지에 대한 의문만이 머리에서 맴돌았다.

동양고전철학을 전공한 P교수의 강의가 생각난다. 세상이치는 궁할 궁窮-말 잘할 변辯-통할 통通-오랠 구久라는 네 개의 바퀴에 얽혀 돌아간단다. 한마디로 인생은 궁하고 낙담하여 변명할 때가 있더라도 마음먹기에 따라서 통하는 길이 있고 영구히 편할 수도 있다는 진리를 말함이다. 어려울수록 빛나는 마음 경영에 대한 강의였다.

혜경궁은 남편의 원통한 죽음을 두고 소론정권을 세운 경종왕비의 궁녀들이 사도세자를 돌본 탓에 사상적 문제가 있어 결국 뒤주속의 죽음을 불러왔다고 믿었다.

조선왕조 최대의 비극적 사건을 온 몸으로 겪어낸 여인, 우리가 주목하는 것은 복잡하게 얽힌 정치사가 아니라 한 여인의 삶이다. 친정아버지도 "모든 일을 개인적 정이 아닌 공적인 국가의 일로 받아들이라, 왕세손의 왕위 계승을 위해서는 모든 애통을 참고 견디라." 고 충고한다. 그녀는 무신기질의 사도세자와는 달리 아들을 학문에 깊이 들어가도록 교육했기에 다행이도 효자 아들을 두어 가슴에 품은 한을 조금은 삭혔으리라 짐작된다.

1795년 정조가 어머니를 위해 베푼 회갑연 그림을 보면 찬란하고 아들의 효심이 느껴진다. 정조는 즉위 13년 후 경기도 양주 배봉산에 있던 아버지 무덤을 옮기면서 '은혜를 드리운다'는 의미의 수은묘垂恩廟로 개칭했다가 다시 '돌아가신 아버지를 높인다'는 뜻의 현륭원으로 바꾼다.

화성시 안녕동에 있는 융릉에 들어서면 그 옛날 여인이 비통하게 울었던 정자각 뒤편으로 남편과 합장한 능이 위엄 있고 아름답게 보인다. 부모 묘소 가까이에 정조대왕과 부인 효의왕후를 합장한 건릉이 있으니 사후세계에서는 영혼이나마 서로 소통하며 잘 지낼 것이라 믿고 싶다.

문학비 건립식을 마치고 용주사 경내를 돌아보며 사도세자와 혜경궁, 정조와 효의왕후 위패가 모셔진 효성전을 둘러보았다. 우리는 역사의 발자취를 기록으로만 알뿐이다. 문학비에 새겨진 한 여인의 생애는 이곳을 찾는 많은 사람들에게 큰 감동을 줄 것이다. 아울러 자신을 성찰하며 살아야 한다는 교훈을 얻은 것 같아 돌아서는 발걸음이 가벼웠다.

혜경궁 읍혈록

세월이 가는 소리 가슴에 남는 계절
만추의 풍경 속에 물빛도 정결하고
혜경궁 문학비 건립 역사에 빛 되도다

한 많은 여인 일생 가슴에 맺힌 피멍
울면서 피 토하듯 기록한 읍혈록에
남편의 억울한 죽음 세세히도 적었다

마이크 잡은 내 손 목소리 잠기던 날
용주사 스친 바람 나뭇잎 흩날리고
무심한 여인의 세월 효성전에 남았다.

빗물 따라 내리는 그리움

어느새 늦가을, 올해의 마지막일지도 모를 비가 내린다.

비만 오면 제동이 되지 않는 감정의 표류는 내 이성과는 아랑곳없이 무절제한 시간 속을 달린다. 딱히 이유는 모르겠으나 어릴 때부터도 나는 비오는 날이 좋았다.

오늘 아침 급작스레 민속 답사팀에 합류한 것도 순전히 비 때문이다. 강화도로 가는 길목마다 교통 체증으로 통상 두세 시간이 걸린다는데, 비 덕분에 단시간 목적지에 닿았다.

강화도는 섬 자체가 역사의 축소판이라 일컬을 만큼 발품 팔 곳이 많다. 차에서 내려 사찰을 향해 오른다. 봄여름 무성한 자태의 초목들은 이제 갈잎으로 흙과 동화同化할 채비를 한다. 자연에 순응하는 만물의 법칙은 숭고하기조차 하다.

전등사에 올라 대웅전 앞마당에 세운 목판 안내문을 읽어본다. 그런데 사찰을 창건한 동기나 내력의 기록은 보이지 않고, 건물 칸 수·문살 모양·지붕 양식 등만 부연되어 있다. 미술과 건축학적 사실만 밝혀 정작 역사에 관한 연구가 소홀한 것 같아 적이 실망되고 안타까웠다.

명부전의 지장보살은 열 명의 부하 신을 거느리는데, 그 중 한 명이 염라대왕이란다. 속설로 죄를 지으면 염리대왕 앞에 가서 죄의 심판을 받는 역할이라 무서운 인상을 상상했다. 그런데 부처들의 얼굴이 똑 같아 어느 이름 없는 화상의 손으로 성의 없이 그린 것 같고, 부처도 서열대로 앉히지 않고 뒤죽박죽으로 놓았다며 역사학 교수의 실망스런 표정이 지금도 눈에 선하다.

평소 나는 역사의식이 희박하고 지식 또한 몽매하다. 불교에 대한 강의 가운데 "석가모니여래如來 왼편 사자대좌에 앉은 부처는 문수보살로 지혜를 맡고, 오른편 코끼리대좌에 앉아 있는 부처는 보현보살로 덕을 맡아보는 보살" 이란다.

P교수의 달변으로 각 유적지마다의 역사적 고증에 관한 강의를 듣다보니 새삼 조상의 지혜도 느껴지고 경건해지며, 나 역시 역사의식에 대한 눈이 트이는 같았다. 예부터 우리나라 문화의 바탕은 불교에서 시작되었다 해도 과언이 아니리라.

적군의 침입을 막기 위해 설치한 성곽과 돈대, 육탄전을 벌였던 장소에 서서 성곽너머 서해바다를 바라본다. 그때의 절박했던 정경과 군사들의 함성이 뇌리에 상상이 되고도 남았다. 아! 수난의 역사여! 나도 모르게 탄식이 절로 나온다. 유적지를 가는 도중 선사 시대 족장의 무덤이라는 고인돌이 벌판에 서 있다. 일세를 풍미한 어느 세도가의 무덤인지, 그 주인공도 역사의 뒤안길로 사라진지 이미 오래인데 한 때의 영화를 말해주는 돌만이 그 자리를 변함없이 지킨다.

38년간 권좌에 앉았던 진시황도 감로수를 받아 마시고 불로초를 구했을 만큼 생에 집착했으나, 세월 앞에는 한낮 덧없는 욕망일 수밖에 없었다. 고작 몇 십 년을 사는 우리가 먼지로 변할 진데 몇 천 년을 견디는 저 바위보다 나을 게 무에 있을까싶어 잠시 숙연해진다.

역사도 강물도, 우리 역시 흐르는 시간 속에 오늘을 살고 있다.

강화도령 철종이 살았다는 생가를 돌아보기 위해 차는 방향을 잡는다. 질곡의 세월을 벗어나고자 했으나 자신의 의지대로 살아보지 못한 사람, 그래서 더욱 연민을 불러일으키며 우리 역사의 아팠던 진면목을 다시 한 번 체감한다.

조선 제24대 왕 헌종이 후사 없이 승하하자 영조의 혈맥인 강화도령이 종사를 잇게 되었지만 상징성에 지나지 않는 용상龍床이었다. 19세까지 강화도에서 살았던 철종은 세상 물정을 몰랐다. 학문과는 거리가 먼 농부였고 안동 김씨 세도에 눌려 한 번도 뜻을 펴지 못했다. 예나 지금이나 모함과 갈등이 많은 정치판에 발을 들여놓지 않고 물 좋고 공기 좋은 이곳에서 살았더라면 그의 생은 장수를 누렸을지도 모를 일이다. 실상 자신의 뜻이 아닌, 정치 세력의 희생물이었으니 생가의 모습 또한 을씨년스럽기는 마찬가지였다. 생가로 향하는 양 길목에는 식당과 구멍가게로 오염된 현실 세계 모습이 펼쳐져 정신이 어지러웠다.

유적지나 문화재는 인가와 떨어져 보호를 받아야 한다. 그럼에도 유적지 턱 밑까지 다가와 장사판을 벌이는 모습에서 우리의 문화재

보호 정책은 고려되어야 하지 않을까 싶었다. 역사적 얘기에 몰입하여 시간가는 줄도 모르고, 시장기를 느끼고야 점심시간이 지났음을 알았다. 호반 위에 지은 식당에서 시래기비빔밥과 인삼 막걸리로 고픈 배를 채우고 화기애애한 분위기로 담소하며 역시 '금강산도 식후경'이란 속담을 떠올린다. 하루 종일 갯바람을 맞아서인지, 소금기가 별로 느껴지지 않는 감각으로 포구를 향한다. 물이 빠진 포구는 온통 뻘밭으로 장관이다. 정적만이 감도는 무채색 속에 작은 몸뚱이를 옹기종기 댄 새들의 모습이 처량하다.

무척 오랜 세월 전 어머니를 여의고 가슴속에 일렁이는 슬픔에서 몸을 가누기 어려웠다. 무작정 집을 나와 신촌에서 출발하는 강화도행 버스를 탔다. 나 자신이 그처럼 외롭다고 생각한 적이 없었고 내 삶의 버팀목이며 정신적 지주가 사라졌다는 상실감에서 헤어날 수가 없었다. 만추가 내려앉은 길 위로 바람이 불 때마다 은행잎이 우수수 흩날리는 장면조차 슬픔이었고, 나는 버스 뒷자석에 앉아 하염없이 눈물을 흘린 적이 있다. 그날 포구에 내려 강화도 일대를 하염없이 걸었던 생각이 언뜻 머리를 스친다.

나는 태어나고 자란 곳이 바다를 접한 곳이라 바다에 대한 그리움은 마음속에 늘 잠재되어 있다. 답답하고 풀리지 않는 문제가 있을 때면 짐승의 귀소성과도 같은 감성이 바다가 보이는 곳으로 달려가게 한다. 안개에 젖은 풍경을 뒤로하고 돌아오는 길에 인삼 센터에서 수삼을 샀다. 한 뿌리 깎아주는 판매 아가씨의 손맛인지 입안에 감도는 쌉쌀한 삼내음이 하루의 피로를 싹 가시게 해준다. 비오는 날의 강화도는 온종일 우수에 젖었고, 그런 분위기를 즐기는 나에게는 그리움을 동반한 멋진 여정이었다.

산동성 여정

해외여행을 배로 해보기는 처음이다.

2004년 9월, 중국 산동성 치박시에서 열리는 '제나라 문화축제' 행사 참석 및 관광을 위한 나들이였다. 가을은 어디로든 떠나고 싶은 유혹을 불러일으켜 마음을 설레게 한다. 하늘은 청명하기 이를 데 없어 자칫 남빛 우주 속으로 빨려 들어가듯 한 착각마저 들게 한다.

인천 제1국제여객선 출국장에 떠날 채비를 갖춘 회원들이 넉넉한 웃음을 띠고 모여들었다. 회원 중에는 부부가 함께 참석하여 부부애를 과시하기도 했다. 부부가 함께하는 모습은 언제 보아도 아름답다. 많은 시간이 소요되는 뱃길이기에 멀미를 하지 않을까 우려한 마음과는 달리 독일에서 건조한 '향설란'은 워낙 큰 배라 미동조차 느껴지지 않았다. 방이 정해지고 각자 짐을 풀어놓은 뒤 일행은 갑판으로 모였다. 깜깜한 밤바다에 일렁이는 파도가 뱃전에 부딪친다. 튀어 오르는 물방울이 공중으로 흩어져 어깨 위로 떨어진다. 멀어져 가는 부두의 불빛도 사라지고 칠흑 같은 어둠이 주위를 에워싸 웃음소리마저도 삼켜버릴 것 같은 두려움도 잠시, 바다는 역시 낭만적이라는 생각이 들었다.

일본 동경음악대학을 수학한 윤심덕이 관부연락선으로 귀국 도중 애인 김우진과 현해탄에 투신 정사情死한 그때의 밤바다도 이처럼 낭만적이었을까? 시대적 상황이 주는 불안감과 사랑을 이루기까지 감내해야 할 고뇌가 얼마나 컸을까. 죽음으로 사랑을 승화시키기에는 아까운 나이였기에 안타까워 잠시 우울했던 내 기분도 좌중의 웃음소리에 파묻히고 말았다. 탁자에 둘러앉아 맥주 한 캔씩 들고 망망대해를 바라보며 일행은 얘기 삼매경으로 빠져들었다.

여인들의 목에 두른 머플러가 깃발처럼 공중으로 휘날렸다. 옷깃을 여미게 하는 갑판 위의 바람도 그 순간의 분위기에 정감을 더해주는 요소로 작용했다. 우리는 캔을 들어 건배하며 이 시간을 함께할 수 있는 인연에 감사하고 서로의 건강을 빌었다. 많은 재물을 소유하지 않았기에 교만하지 않고, 너무 궁색하지 않아 비굴하지 않아서 좋은 사람들. 책을 사랑하고 생각의 줄기가 같기에 좋은 사람들. 모두가 그 순간의 분위기에 잘 어울리는 주역들이었다.

자연은 인간을 진실하게 하는 마력을 지녔다. 평소 쉽게 꺼내지 못한 인간사 고충도 마음을 열고 풀어놓게 한다. 좋은 일에는 칭찬을, 걱정스런 일에는 진심으로 위로의 마음이 들게 하는 밤바다는 한없는 포용력을 지닌 어머니의 가슴처럼 푸근하다. 밤새 가도 가도 망망대해일 뿐 작은 섬 하나 보이지 않았다. 새벽녘 희뿌연 안개너머로 고층 건물들 모습이 실루엣으로 광범위하게 나타나기 시작한다.

중국이라면 우선 크다는 등식이 성립된다. 제나라 문화축제행사도 거창하기는 마찬가지였다. 식후 돌아본 관광지의 규모도 그 등식에 어긋나는 곳은 한 군데도 없음에 시샘이 일었다.

제나라의 옛 수도 임치에 위치한 제국고성유적박물관은 터 면적이 1,980m²에 고대 성새城塞식 건축으로 중국 십대이형박물관의 한 곳이다. 15개의 전시장, 300여 건의 전시문물로 제나라 800년 역사의 빛난 문화유적을 집중적으로 전시해놓아 전국 박물관 중 '정품진렬제명상'이라는 칭호를 받았다고 한다.

동주순말갱'은 제25대 국왕 제경공의 묘지로 순 말 600마리의 유골이 2열 횡대로 지면에 나란히 누인 모습 그대로 드러나 있어 중국인들의 왕에 대한 충성도가 얼마나 컸었는지 짐작되었다.

'봉래 팔선과해 관광지'에 이르렀을 때는 입이 더욱 다물어지지 않았다. 관광면적이 5만5천m²에 주요 관광 구역은 거의 40처에 달했다. 바다 위에 가로 누워있는 관광지의 경치는 들쑥날쑥하고, 봄과 여름이 가까우면 신기루 같은 기묘한 현상이 나타난단다. 중국에서 가장 큰 '해상예술원림, 석림, 긴 해상관광복도'며 가장 높은 해상 누각이며 수백 종의 해양생물을 전시한 해저세계는 눈을 압도한다. 유람선을 타면 선원루, 망영루, 팔선사, 회선각, 기림석이며 당대 서예 명사들이 쓴 편액과 바다표범 섬 등 다 보려면 두 눈의 시야로는 감당이 되지 않을 정도로 광범위하다.

그런데 특히 눈을 사로잡는 높은 단이 바다 가운데 위용을 드러낸다. 단 주위로는 기묘한 바위를 어긋난 층으로 쌓아 경관을 아름답게 꾸며 놓았다.

진황 한무는 동해에 신선을 뵈러가서 영감을 얻어 늙지 않고 영원히 살고 싶은 방법을 찾도록 배선단拜仙壇을 설치하고 성대한 의식을 열었다. 음악도 연주하고 폭죽 터뜨리는 소리가 어찌나 큰지 봉래·영주·방장 3좌의 선산에 다 들렸다 한다.

중국에서 폭죽을 터뜨려 신선에게 복을 비는 전통 풍속이 그때부터 자리를 잡았단다. 그렇게 생을 갈망했던 진시황제도 50세로 인생을 마감하였으니 비애를 느끼지 않을 수 없었다. 전설조차도 엄청난 돈을 들여 역사화 하는 중국인들의 술수에는 혀를 내두를 정도다. 그곳 관광지에도 몰려드는 동서양의 구경꾼들을 보고 있자니 속이 상하지만 엄청난 유물을 보존하여 자랑하는 그네들의 역사의식에 일면 존경심이 일기도 했다. 자업자득이란 말이 생각난다.

우리나라에서 근대화라는 명목 하에 전국을 온통 깨부수고 콘크리트 건물을 세우느라 역사적인 유물 하나 제대로 지켜볼 여력이 어디 남았던가.

귀국길에 110년 역사를 자랑하는 '장유 주 문화박물관張裕 酒 文化博物館'을 관람했다. 잘 다듬어진 정원에는 장유 선생(1841~1916)의 동상이 서 있고 박물관을 들어서면 역사청歷史廳(History Hall), 자화청字畵廳(Calligraphy and Painting Hall), 진품청珍品廳(Treasures Hall), 현대청現代廳(Modern Hall) 등에는 지금까지 지나온 발자취가 일목요연하게 정리되어 있었다. 특히 포도주 진열대에 발길이 머무는 것은 생산 연대별로 진열된 포도주 맛에 호기심이 일어 우리 일행은 저마다 한 잔씩 맛을 보며 하루의 피로를 풀었다.

지하에 저장된 오크통을 돌아보니 통의 입구가 어른 키의 세배쯤이나 되는 것에서부터 크고 작은 통이 수백 개는 됨직했다. 어디를 가나 큰 것으로 우리 기를 죽였다. 자원이 빈약한 우리나라의 입지적 조건을 최대한 이용하여 아기자기한 관광 상품으로 국민소득을 올리는 일이 시급하다는 생각을 하니 마음이 편치 않았다.

앞으로의 성장 동력은 굴뚝산업이 아니라 문화콘텐츠와 그 핵심인 관광산업에 있음을 전 세계가 간파하고 있다. 머뭇거릴 시간이 없다는 조급함이 전신을 휩싸는 여행이었다. 며칠 간 우정을 나누며 동고동락한 일행과 헤어지자니 섭섭한 마음이 앞섰다. 그러나 후일 다시 여행할 약속을 하며 헤어지는 면면이 더욱 아름답게 보이는 날이었다.

하늘과 바람과 별과 시(詩)

시상이 풍부한 가을에 꼭 보아야 할 연극 같았다.

그의 서시序詩 한 구절은 만인의 가슴에 기도처럼 성스럽게 새겨져 있기에.

시월의 밤바람이 거칠게 불어 옷깃을 여미게 한다. 남산국립극장에서 윤동주의 일생을 극화한 연극을 보러 온 관객들이 마당을 가득 채웠다.

시대를 잘못 타고난 운명 속에 속절없이 지고만 28세 청년의 숭고한 정신과 인간미에 몰두하여 두 시간을 숨죽이며 관람했다. 단 6개월, 6개월만 잘 피했더라면 목숨을 구할 수 있었을 거라는 안타까움이 종내 나를, 아니 그날 관객 모두의 가슴에 피멍처럼 새겨졌고 아팠을 것이다. 이 땅의 유명 시인들은 왜 그리 짧은 생을 살다갔는지 알 수가 없다. 정지용, 오장환, 김유정 등.

서시 한 구절을 조용히 읊어본다. '죽는 날까지 하늘을 우러러 한 점 부끄럼이 없기를 잎새에 이는 바람에도 나는 괴로워했다.' 는 시구詩句가 윤동주의 일생을 대변하는 것 같아 가슴이 서늘하다.

중견 시인 K는 말했다. "시인 윤동주는 우리의 가슴 안에서 그 언제나 청신한 새벽이다." 라고. 지상에 머문 28년 그의 삶은 인생의 연륜으로 봐도 새벽이었다. 만물이 기지개를 켤 시작이요, 희망이 부푸는 시간임에랴! 우리는 흔히들 운명론을 얘기한다. 각자의 존재는 부모에 의해 생명을 부여 받았기에 운명 또한 엄밀하게 따진다면 결코 자신에게만 주어진 운수가 아니리라.

그는 민족 교육의 중심지인 평양숭실학교에 입학하여 정지용의 영향으로 문학공부에 매진한다. 일본의 신사참배 강요로 인한 굴종의 갈등 속에서 자퇴한 후 간도 용정으로 잠시 귀향했을 때 문익환, 송몽규와 재회한다.

조선 문학공부를 반대하는 아버지와의 갈등으로 다시 연희전문학교에서 대학생활을 하며 새로운 문학조류를 섭렵한다. 일제의 압박이 날로 광포해질 때 그는 고통이 가득 찬 도전적 시들을 쏟아내기 시작한다.

졸업과 하숙을 같이 하던 친구 정병욱에게 『하늘과 바람과 별과 시』 육필본 시집을 선물하고, 송몽규와 함께 일본 유학을 위해 창시개명을 한다. 관부연락선을 타고 희망에 부풀어 일본으로 유학 갈만큼 그는 유복한 집안의 자손이었다.

'돈이 얼마간 생기면 뱀이나 닭을 잡아서 푹 고아 먹고 싶다'며 꺼져가는 생명 앞에 살고 싶어 몸부림치던 김유정과는 다른 환경에서 귀한 대접받으며 살던 사람이었다. 춘천 김유정 문학관에서 나는 그 글을 읽다가 시인에 대한 연민憐憫의 정으로 목이 멘 적이 있다. 나라와 언어를 빼앗겼던 일제강점기에 일본이 경계하는 인물은 무지몽

매한 자들이 아니라 지식층이었다.

윤동주는 총칼보다 더 강한 무기, 시를 틈틈이 쓰며 노트에 또는 머릿속에 암기한다. 시대적 상황 때문이었을까, 예민하고 영특한 청년은 자신도 주체할 수 없을 만큼 시가 줄줄 나온다고 고백한다. 도쿄에서 비밀리에 뜻을 같이 하는 유학생들과의 주도면밀한 만남은 그런대로 잘 이루어진다. 교토에서 활약하던 송몽규의 권유로 교토로 가면서 오히려 일경의 감시 대상으로 주목을 더욱 받는다.

송몽규는 도쿄보다 일경의 눈길이 덜한 곳이라 생각하고 윤동주를 불렀는데 오히려 반대 현상에 직면하고 만다. 딱 두 번 만난 소프라노 박춘혜와의 사랑이 시작될 즈음, 그녀의 고운 영상을 간직한 채 떠나 더욱 안타깝다.

교토에서의 활동은 신중하게 처신했지만 정탐꾼의 시선에 노출되어 고발당하고 만다. 일경에 체포되어 재판정에 서게 되었을 때도 단호한 의지로 자기 주장을 피력한다. 중형을 선고받은 윤동주와 송몽규는 후쿠오카 형무소에서 약물반응 생체실험 대상자로 그의 목숨은 서서히 죽음을 향해 치닫는다.

어느 추운 날 윤동주는 감방에서 자신의 삶과 시를 회상한다. 조국에 언젠가는 광명이 올 것을, 자신이 활약하며 뿌린 씨앗들이 언젠가는 싹트기를 희망하며 영혼은 서서히 육체를 떠난다.

하늘의 별들이 무리지어 쏟아지고 마치 별무리에 그의 영혼이 실려 가듯 막이 내린다. 우리가 기억하는 그의 존재는 영원불멸로 살아 있다. 그는 하늘의 천국을 꿈꾸기보다 이 땅의 천국을 사모했기에 자신의 생명도 과감히 내던졌다.

장례식장에서 문익환이 살아 있는 자들의 할 일과 책임을 이야기하며 윤동주의 시 「십자가」를 떠올린다.

녹녹치 않았던 시대에 그의 시에도 가시가 많다. 예수가 썼던 면류관처럼 당시 현실은 시인에게 고통을 주었고, 그 고통은 별과 같이 영롱한 시로 새로운 생명을 얻는다. 어느 시대에서건 '그럴 수밖에 없었다' 며 자기 합리화를 꾀하는 사람도 있겠지만 윤동주는 시대의 어둠을 피해 숨기보다는 맞바람을 맞으며 힘겹게 앞으로 나아갔다.

그의 시는 문학과 예술이 감정에 젖은 나약한 사람들의 유희가 아니라, 우리의 무기력함을 이겨내는 힘이라는 것을 느끼게 한다. 윤동주가 영면한지 6개월 후 해방된 사실이 그저 안타깝다. 하지만 죽음 앞에서는 그 어떤 의미도 상실해버리고 말 뿐이다. 우리가 그의 서시에서와 같은 마음으로 살아갈 수만 있다면, 그를 오롯이 기리는 숭고한 뜻이 아닐까 싶다.

심수관도예관

가고시마에 있는 심수관도예관으로 가는 도로 양편의 산간풍경은 그야말로 장관이다. 인적 없는 산속, 자욱한 안개 속을 뚫고 내리는 부슬비에 취해 있으려니 고요하다 못해 적막감까지 불러일으킨다. 자칫 우울증을 느끼게 할 정취적 요소로도 충분하다. 새까만 이차선 도로만이 외길로 쭉 뻗어 있을 뿐 시야가 닿는 곳은 온통 초록빛 소나무다. 골짜기 아래로 납작하게 엎드린 기와지붕 골 사이로 빗물이 타고 내린다. 한참을 달리니 해발 1,200m의 고원지대에 삼나무가 죽죽 곧은 줄기를 자랑하며 삼각형 머리를 하늘로 향하고 온 산을 빽빽이 채우고 있다. 일명 스기나무라 불리며 높이가 50~70m, 몸통 둘레는 5~10m 정도로 나무질이 좋아 건축이나 가구 용도로 많이 쓰인단다.

숲길은 그윽하여 마치 전설의 고향으로 향하는 기분이다. 안내인은 "약초가 많은 산속은 삼림욕 장소로 먼 곳에서도 사람들이 모여든다." 라고 설명한다.

예전에는 집짓는 목재와 전신주로 삼나무가 훌륭한 역할을 했는데, 지금은 쓰임새가 많이 줄었단다. 시멘트며 다른 골재로 건축 재료가 다양해진 때문이다. 삼나무 숲이 끝나자 거대한 적송(赤松)이 붉은 기운을 뿜어낸다. 산 전체가 적송으로 각가지 형태의 가지 모양과 싱싱하다 못해 청색이 도는 듯한 침엽수 잎에 우리는 넋을 잃는다. 아무리 보아도 싫증나지 않는 자연경관이다.

가도 가도 막막한 이 유배지에 임진왜란 때 조선의 도공들이 끌려왔으리라는 생각 앞에서는 아무리 이곳의 좋은 점이 보여도 알 수 없는 분노만이 가슴속으로 치밀어 오른다. 까악까악 울어대는 일본의 국조라는 까마귀조차도 말 못하는 짐승이건만 그 순간 밉게만 느껴진다.

안내인의 말에 의하면 일본인들은 대개 세밀하여 빈틈이 없고 배타적이며, 속마음과 겉마음 파악이 어렵다고 한다. 하지만 기리시마로얄호텔에서 우리가 떠나올 때, 우중인데도 현관 밖에 나와 버스가 산모롱이 한 구비를 돌 때까지 손을 흔들고 서 있던 호텔 직원들 모습에 작은 감동이 일었다. 그 배웅은 진심에서 우러나온 인사라는 생각을 지울 수가 없었다. 자연경관의 아름다움도 지루해 질 두 시간쯤 지난 후 도예관에 닿았다.

인구 3만의 아이라 마을이다. 이 마을이 도예지로 발탁된 것은 결코 우연이 아닌 것 같다. 마을의 경관이 무척 아름답고 물과 흙의 성분이 도자기공예에 적합한 조건을 가지고 있어서란다. 도예관으로 이어진 오솔길은 신비와 예측불허의 행운을 안겨줄 것 같은 기분이 들만큼 아주 곱게 정돈되었다. 임란 때 끌려온 도공 중 손재주가 뛰어났던 심당길沈当吉이란 사람이 있었다.

그의 본관은 우리나라 청송青松이다. 전시관에는 심당길의 후예인 심수관의 작품을 전시해놓은 곳으로, 역대 가장 뛰어났던 12대 심수관沈壽官을 기려 그때부터 도예지의 가주는 '수관'을 세습 명으로 사용한다. 임란 때부터 현재까지 그의 후예 15대 심수관이 전통 4백여 년의 도자기 맥을 잇고 있다.

건물 3층 전시관에는 세계적으로 유명하다는 12대 심수관의 대와大蛙, 즉 두꺼비 작품을 비롯하여 국보급 작품들이 많다. 전시물 중에는 조선왕조의 마지막 왕자 이근李垠의 부인, 이방자李方子여사의 글씨 작품도 있다. 도자기에 새긴 꽃문양은 정교하기 이를 데 없고, 작품마다에는 시대를 초월하여 피땀이 어리었을 장인들의 희생 앞에 고개가 숙여질 따름이다.

심당길의 유작 단 한 작품을 보며 그의 족적을 일본이 아닌 한국에 심어놓았더라면 얼마나 좋았을까 싶은 생각이 들어 속국의 비애에 마음이 쓰렸다. 하지만 이렇듯 일본이 가장 자랑하는 이곳 도예지도 결국 한국인의 한恨서린 희생 위에 세워진 역사적인 금자탑이라고 생각하니 새삼 가슴 뿌듯해지는 자긍심을 억누를 수가 없었다.

다음 행선지를 향해 버스는 내달린다. 산천도 다듬어놓은 듯 잘 정비된 산등성 차밭 이랑에는 풋풋한 초록물결이 넘실댄다. 공기가 맑은 이곳에서 생산되는 일급 녹차는 유럽 부호들이 애용하는 기호품으로 100g당 2천만 원이라니 상상을 초월한다. 품질로 승부를 거는 일본인들의 차별화된 제배법은 고도의 입맛을 즐기는 이들에게 이미 검증받은 품목이 되고 있단다. 산허리를 휘감아 도는 길의 곡선은 여유와 운치를 준다. 구불구불한 산하를 바라보며 기분이 흡족하리만치 자유를 만끽한다. 이 몸이 어디에 있는가는 그리 중요치 않다. 마음은 날개를 단 듯 가벼워진다. 두고 온 모든 것은 잊기로 하자. 눈앞에 보이는 자연의 냄새에 나의 오관은 이미 마비된 듯하다.

큐슈 남부일대를 며칠 간 돌아보며 우리나라에서 쉽게 볼 수 있는 것들이 이곳에선 보이지 않아 좋았던 것들, 섬 해안도로를 일주하는 동안 모텔이나 횟집 하나가 안 보였고, 간판으로 도배한 듯한 건물이 없다. 건물 앞에 세워놓은 깃발이 광고를 대신한다. 세무서 건물 위에 그 달의 세수액을 주민이 볼 수 있도록 전자 글씨로 표시해놓은 현장을 보니 일본이라는 나라에 대한 그동안의 선입관과 고정관념을 바꾸지 않을 수가 없었다. 투명한 살림살이를 만 천하에 공개하는 모습은 “역시 선진국이야!” 하는 감탄사가 절로 튀어나오게 한다.

나무로 된 전통 가옥이 3백년 이상 끄떡없이 건재하는 사실과 작은 집 작은 차에 고만고만 살아가는, 빈부 격차가 안 보이는 평화로움, 어딜 가나 웃음으로 맞아주는 사람들이 마냥 정겹게 다가왔다. 참 좋은 여행이었다.

훗날 다시 이곳을 찾더라도 현재의 모든 상황 그대로 남아 있었으면 좋겠다는 생각이 든다. 자연 사랑, 사람 사랑, 사랑은 바람 같아서 보이지는 않아도 느낄 수는 있을 테니 말이다.

이케다호수와 사쿠라지마

화산으로 생성된 섬나라 일본에서도 특히 규슈지방에는 온천이 많기로 유명하다. 가고시마 남쪽 이브스키에 있는 이케다 호수를 보기 위해 호텔을 나선다. 해변과 접한 호텔 앞 풍경도 그랬지만 바다를 끼고 달리는 가로 한복판에는 야자수 일색으로 잎이 너울거리는 풍경은 남국의 정취를 물씬 풍기게 한다.

이케다호수는 둘레 15km, 수심 233m에 이르는 규슈 최대의 호수다. 약 5,500년 전 화산활동으로 생긴 칼데라호는 망망대해 같은 느낌을 준다. 이 호수에는 한때 괴물 네스가 나타난다는 헛소문이 난 적이 있었고, 장어가 많이 잡힌단다. 근처 식당의 수족관에 든 장어가 너무 커서 징그럽다는 생각이 들 정도였다.

호수 주변의 산책로를 거니는데 한국어가 들려 쳐다보니 「코스모스」 노래를 부른 가수 김상희가 학교 동기들과 여행을 왔다고 했다.

우리 일행이 그녀에게 물었다. "코스모스 노래가 유행했던 적이 아마도 40년이 넘었지요?" 오뉴월 하루 빛이 무섭다는데 40년은 생각만 해도 지루한 시간이다. 어느새 육순고개를 넘은 공통점에 세월이 무상無相하여 서로 위안을 주고받는다. 우리는 십년지기 이상의 친구처럼 악수하고 기념사진을 같이 찍기도 하며 좋은 여행이 되기를 바라는 마음으로 헤어진다. 구불구불한 해안선을 내달리며 바다가 나를 따라오는지, 내가 바다를 따라가는지 모를 혼돈 속에 바다를 묵시한다.

법정스님은 말했다. "사람 손이 빚어낸 문명은 직선이다. 그러나 자연은 본래 곡선이다. 인생길도 곡선, 끝이 빤히 보인다면 무슨 살맛이 나겠는가. 모르기 때문에 살맛이 나는 것이며 곡선의 묘미" 라고 말이다.

삶은 만만찮다. 살아오며 나는 몇 번의 곡선을 휘돌았던가! 젊은 날 꿈꾸었던 유토피아가 아닌 현실을 자각할 때마다 마음속에 반란이 일고 탈출구를 찾았다. 영원히 꿈을 좇다 끝날 인생이란 명백한 사실 앞에 불복하면서 말이다. 곡선과 직선이 어우러진 삶, 인생의 굴곡에 정답이 없는 세상이라면 차라리 사상(四相一生. 生·老·病·死)의 변주에 놀아날 게 아니라 마냥 웃고 지내봄도 좋으리라.

간혹 보이는 동네는 허리 높이의 담에 현관문을 활짝 열어놓아 집안이 훤히 들여다보인다. 고만고만한 집에 작은 차를 몰며, 집안을 송두리째 열어 보이는 사소한 여건들이 부러움으로 다가온다. 그만큼 신뢰와 평화가 정착된 증거가 아니겠는가. 수차례의 일본 여행에서 나는 늘 그런 광경에 마음이 따뜻해지곤 했다.

가고시마의 상징인 화산섬 사쿠라지마를 향해 버스 채 페리호에 승선한다. 물보라를 일으키며 유람선이 내달리는 가고시마 부둣가는 활기가 넘친다. 가장 가까운 거리에서 화산을 볼 수 있는 전망대로 가기 전 아래쪽 방문센터에서 화산의 생성 및 모형, 활동 등을 비디오로 관람하여 사전 지식을 얻는다.

이곳은 세계 유수有數의 활화산으로 일본역사 이래 30회를 넘는 큰 폭발을 반복했다. 둘레 52km, 면적 80km²에 달하는 사쿠라지마는 인구 60만의 이곳 이브스키 대도시와 겨우 4km 떨어진 곳이다.

1914년 대폭발 때 약 30억 톤의 용암이 흘러내려 해협이 매립되면서 현재 모습의 지형으로 변경된 이곳은 가고시마의 관광지로써 볼거리를 제공한다. 화산의 중턱 한가운데쯤 서 있는 용암전망대로부터 뻗은 전장 1km의 산책길은 용암원 안에 설치되어 있다. 그 길을 걷다보면 웅장한 대지의 힘이 몸으로 느껴져 두렵기조차 하다. 그곳에 서면 인간이 참으로 가소롭다는 생각이 든다. 측량이 불가능한 우주 속의 티끌만한 존재들이 서로 잘났다고 아옹대는 꼴들이라니…!

마지막 화산 폭발 때는 중심부로부터 12km가 잿더미로 변했고, 공중으로 분출한 용암의 높이는 1km까지 뻗쳐올랐다고 한다. 그 당시 대다수의 생명체가 멸종되고 화산재의 낙진으로 생살이 썩어 문드러지는데 게만 멀쩡했단다. 게 껍질의 키토산과 심해의 스쿠알랜 성분은 괴멸되지 않았다니, 이 물질들이 건강에 얼마나 유효한지 입증된 셈이다.

만약의 경우를 대비하여 산골짜기 요소요소에 거대한 콘크리트 구조물의 대피소를 만들어 놓았다. 또 흘러내리는 용암을 인위적으로 유도하여 바다로 흘러갈 수 있도록 엄청나게 큰 규모의 인공골짜기들을 만들어 놓은 것을 보니 위험에 대비하는 일본인의 철저함에 놀라기도 했다. 그렇다고 해도 언제 폭발할지 모를 화산지대와 겨우 4km 떨어진 도시에서 태평하게 살아가는 일본인들을 보니 우리네 성정性情과는 좀 다른 면을 느낄 수 있었다.

다음 행선지를 가기 위해 버스를 탄다. 도로 한가운데 심은 사철나무 가로수를 얼마나 예술적으로 다듬어놓았는지 감탄이 나온다. 세계의 유명 인사人士들, 미국의 부시 대통령이며 러시아의 옐친이 머물렀다는 호텔 백수관白水觀이 경관 좋은 바닷가에서 그리 멀지 않은 곳에 보인다. 외관은 그저 평범한 콘크리트 건물 같은데 실내는 미로迷路로 설계되어 보안상 허점이 없다고 한다. 이 도시에는 아파트라곤 없고 전통가옥이 주를 이룬다. 집 크기나 페인트 색상 선택에도 규제가 있고, 국민은 대체적으로 반발 없이 잘 따른다는 설명이었다.

우리나라 동해안과도 비슷한 해안선을 달리다 '우도신궁'으로 간다. 동굴에 위치한 신궁은 푸른 바다와 붉은 기둥, 산이 어우러져 그야말로 아름다운 요소를 다 지녔다. 퇴적암이 바닷물에 침식하여 빨래판 무늬처럼 형성된 호리키리 고개, 일명 도깨비빨래판을 날이 어두워 못 본 것이 아쉬웠는데, 호텔 정원에 그 모습을 재현해놓은 조형물로 대신하고 만다.

하루의 관광이 끝나고 피곤한 몸을 온천욕으로 마무리하며 노천탕으로 발걸음을 옮긴다. 약알카리성 나트륨 성분의 노천온천을 즐겨보라는 안내원의 친절에 따른다. 그릇 속의 세 가닥 김이 나오는 목욕 로고(logo)는 몸·마음·정신이 맑아지는 뜻이란다. 에메랄드 전시장처럼 푸르렀던 낮의 바다는 간 곳이 없다. 하늘과 맞닿은 수평선 경계도 사라지고 사위는 칠흑의 어둠인데, 머리 위로 빛나는 별들만이 우주의 주역인양 빛난다. 밤바람이 불어와 어깨가 서늘하면 따끈한 물속에 몸을 담근다.

여행을 하는 동안 나는 바람이 된다. 바람은 나의 심연에 잠자는 서정을 일깨운다. 바람결에 실려 온 갯내는 유년시절 고향의 추억까지 후각으로 감지된다. 도시에서 발길과 눈길의 끝은 회색 시멘트벽에 막혀 걸음이나 시선을 단절시킨다. 그러나 탁 트인 망망대해를 마주하면 바람과 동화된 나의 몸은 삼라만상을 훑어볼 수 있는 안목의 무한대 속에 상상력을 발휘하니 얼마나 통쾌하고 자유로운가.

목욕을 마치자 유카다를 입고 해변의 검은 모래속에 누우면 삽으로 고개만 내놓고 전신을 모래찜질 한다. 이곳은 화산지대라 모래가 검으며 지하에서 흐르는 온천 영향으로 모래가 뜨겁다고 한다. 10여분이 지나면 얼굴에 땀이 송송 맺히고 전신이 따뜻해지며 몸은 나른하지만 피로가 풀린다. 모래찜질을 하면서도 보이는 것은 우주 속에서 반짝이는 별무리뿐이었다. 원 없이 별보기를 해보았던 그 밤이 새삼 눈에 어린다.

유배지에서 느낀 비애

만추의 계절 영월을 찾았다.

동강과 서강이 만나는 영월, 청령포를 휘감아 흐르는 서강 물은 파란 하늘을 이고 역사 속을 행진하고 있는 듯했다. 단종의 유배지가 낯설지 않은 모습으로 비춰짐은 고달팠던 역사의 흐름에 담금질당하듯, 민족적 비애에 단련되었음인가!

역사적 슬픔을 지닌 곳을 탐방할 때마다 나의 머릿속에는 육하원칙六何原則이 떠오른다. 추사와 다산의 유배지 제주도와 강진을 찾았을 때도 머리를 스치는 것은 그 원칙이었다. '누가·언제·어디서·무엇을·어떻게·왜' 라는 의문으로 밤잠을 설치곤 했다.

단종을 따라 동행한 몇몇 궁녀들과 관헌이 기거했던 고가를 지나고, 애달팠던 임의 사당도 흘깃 스치는 눈길로 체통을 대신하고 만다. 유리遊離된 삶에 고독을 떠안은 강은 이미 미지의 세계로 흘러가 버리고, 600년 수령의 지킴이 소나무만이 그때의 피울음을 간직하듯 서럽게 보인다. 바람은 나뭇가지를 흔들어 잎을 떨구고, 흩날리는 낙엽은 한 해를 보내는 고별의 손짓 같았다.

한양에 두고 온 정순왕후를 생각하며 막돌을 주워 쌓아올린 망향

탑을 보면 어지간한 강심장의 사람이라도 북받치는 설움을 토해내지 않을 수 없다. 인지상정人之常情이 아니겠는가.

단종(재위 1452~1455)은 조선의 6대 임금으로 훈민정음 창제로 역사에 빛나는 세종의 손자다. 아버지 문종이 병사하자 열두 살 어린 나이에 임금이 된다. 그러나 세종의 둘째 아들이자 숙부인 수양대군은 어린 단종을 상왕으로 물러나게 한 후 왕권을 빼앗는다. 사육신의 주동으로 단종 복위운동을 하다 그들은 처형되고 단종은 노산군으로 지위가 격하된 채 이곳 청령포로 유배되었다.

1457년 10월, 17세로 생을 마감했으나 사후 240여 년이 지나서야 임금으로 복원되어 묘호를 '단종'이라 했다. 천추의 한은 벗었으나 인간의 삶은 살아 있을 때가 아니면 무슨 의미가 있으랴!

제주 여행 시 추사(秋史 1786~1856)기념관을 찾았을 때도 그랬다. 제주옹기박물관에 갔던 차에 3.2km 거리에 있는 추사관을 가는 유배길은 참 아름다웠지만 역시 떠오르는 건 육하원칙이었고 분노가 일었다. 충남 예산 태생인 선생은 조선후기 실학자요 서예가로 안동 김씨 세력과의 권력 싸움에 밀려나 제주도로 귀양 갔다.

추사의 예술은 시詩 서書 화畵에 두루 뛰어났다. 저서로는 『완당집阮堂集』 『해동비고海東碑攷』 등이며 70평생 벼루 열 개를 닳게 했고, 천자루의 붓을 몽당붓으로 만들 만큼 피나는 노력가였다. 추사체는 제주 유배지에서 완성되었다고 평하는 학자들도 많다.

1884년 역관이었던 제자 이상적에게 추사는 세한도(국보 제180호)

를 그려 주었다. 이상적이 중국에 오가면서 수시로 귀한 책을 구해 보내준 은공恩功에 대한 보답이었다. 세한도는 나지막한 토담집 한 채와 소나무 잣나무 네 그루가 전부다. 그림에 대한 어느 선생의 글에서 '적막강산, 텅 빈 충만 그 어떤 말로도 군더더기에 불과하다.' 라는 생각에 나 자신도 공감되었다. 추사 선생의 유배기간 동안 건강은 초의선사가 챙겼다. 8년 3개월의 유형이 끝나자 추사는 이렇게 외쳤다고 한다. '하늘이여! 대저 나는 어떤 사람이란 말입니까天乎此何人!' 세한도는 바로 그 물음에 대한 스스로의 답이 아니겠는가 싶기만 하다.

강진 다산 선생 초당 탐방 때의 기억도 단종이나 추사의 유배사건과 같은 맥락으로 떠오른다. 정약용(1762-1836) 선생의 유배 생활은 11년간이었다.

조선의 위대한 실학자며 수원 화성 건축 시 거중기를 발명한, 명석한 두뇌의 소유자였다. 경기도 암행어사 시절 백성의 삶을 피폐하게 만든 탐관오리들을 척결하였으며, 관리의 바른 행실 지침서인 『목민심서』 외 500여 권의 책을 저술했다.

근래, 선생이 가장 아끼던 제자 황상黃裳과의 아름다운 인연을 보여주는 자료가 발굴되었다고 한다. 기사에 의하면 다산의 아들 정학연이 황상에게 보낸 친필 편지 22통과 다산의 손자 정대무가 쓴 편지 1통, 추사 김정희의 아들 김상무가 보낸 편지 2통 등을 묶은 서첩 『치원진장巵園珍藏』 황상의 산문집인 『치원소고巵園小藁』 『초서집』 『치원총서巵園叢書』 등이다. 이 자료는 황상의 사촌이자 다산에게 함께

학문을 배웠던 황지초의 5대손 황수홍(74세) 씨가 보관해온 것으로 최근 한양대 국문과 정민 교수에게 연락하여 그 존재를 알렸다.

다산은 1802년 유배지인 강진의 주막집에 서당을 차린 후 지방 아전의 아들인 황상을 만나 제자로 삼았다. 이후 황상은 '부지런하고 부지런하고 부지런하라'는 다산의 삼근계三勤戒를 가슴에 새기며 평생 공부에 전념했다고 한다.

시간이 흐른다. 우리의 인생도 흐른다. 도시에는 연일 망치 소리가 끊이질 않는다. 더 높게 더 높게 오르고 싶은 인간의 욕망은 아래를 내려다보며 군림하기 위해 바벨탑을 쌓는다.

페루 티티카카호수에서 갈대를 엮어 집을 짓고 사는 잉카의 후예들, 관광객들에게 한 시간만에 집을 지어 선물로 주는 그들의 표정은 '행복' 그 자체라 할 만큼 밝다. 행복의 지수는 넓이와 높이에 비례되지 않음을 상기시킨다.

왕위를 찬탈하여 얻은 지위나 외향적 부를 자랑이라도 하듯 공중에 매달려 사는 현실의 위태로움을 바라보며 불안감을 느끼기는 매일반이다.

명리학命理學에는 '돈이 많을수록 몸이 약해진다'는 재다신약財多身弱을 말하고 있다. 재다신약을 극복하는 길은 마음을 비우는 것과 인수印綬, 즉 독서와 학문으로 몸을 보강하는 방법이란다.

그 길만이 진정한 문학인의 길이 아니던가!

국제관광도시-마음의 고향

막냇손자가 세상에서 처음으로 울음을 터뜨린 지 3개월만에 첫 대면對面을 하러 일본에 갔다. 여행을 간 김에 일본의 정통 료칸을 한 번 체험해보라며 아들들이 여행 계획을 짜놓은 것 같았다. 수차례 일본을 드나들었어도 호텔에만 가보았지 료칸 경험은 처음이다.

며느리는 아기 때문에 못 가고 우리 부부와 작은아들이 나고야 역에서 신칸센 열차를 탔다. 좌석에 편히 앉아 창밖으로 산천을 구경하니 자연은 어느 곳을 막론하고 사람을 행복하게 하는 마력을 지녔다. 목적지를 향해 가는 도중의 경치 중 기억에 남겨두고 싶을 만치 아름다운 곳들이 많았다.

두 시간 삼십 분만에 도착한 곳은 '마음의 고향'이란 타이틀이 붙은 '히다 다카야마'란 국제 관광도시다. 일본 열도의 거의 중앙에 위치하며 일본의 지붕이라는 북알프스가 에워싸고 있다. 약 1만 년 전 죠몬 시대로부터 동서남북 문화가 밀려들어 서로 엉키면서 이곳만의 독특한 문화로 발달하게 되었단다. 숙박시설이며 향토음식, 전통 공예품 등 어느 것이나 현대적인 냄새는 거의 나지 않는 곳이다. 산들에 둘러싸인 이곳 지형은 외부와의 접촉이 한정되었기에 전통문화가 현재까지 남겨져 잘 보존된 것 같았다.

역에 내리자 고급 세단차가 시간 맞춰 대기하고 있다가 운전기사가 내리더니 우리를 향해 정중히 인사하고 차 문을 열어준다. 기사들의 태도는 일본 전역 어디를 가나 예의가 바르다. 20분쯤 가니 전통 료칸 중 한 집으로 들어간다.

현관에 들어서자 큰 북 앞에 대기하고 있던 사람이 하얀 옷을 입고 북을 둥둥 친다. 손님을 환영하는 의식이란다. 넓은 대청마루를 지나 안내자를 따라 2층으로 올라갔다. 꽤나 큰 다다미방에 고급 가구가 비치되었고 가운데 상이 놓여졌다. 산속이라 그런지 공기가 무척 맑다. 이곳 산들을 알프스의 영봉에 비견하는 이유가 설명될 만치 시야에 들어오는 경치는 장관이었다. 현대적인 건물보다 목재로 지은 집들이 많아서 마치 까마득한 옛날로 돌아간 것 같은 기분이 든다.

우리는 우선 동네 구경을 하고 싶어 여관을 나와 골목골목을 거닐었다. 집 앞 작은 실개천에는 맑은 물이 흐르고 화분이나 꽃을 대문 앞에 두어 차분한 정서를 느끼게 한다. 400년 전 '에도 시대'의 건물이며 문화가 그대로 보존되어 있다. 워낙 오랜 세월이 흘러 그런지 마치 검은 나무로 집을 지은 것 같은 착각마저 든다.

건물은 골동품, 미술관, 양조장, 상점들로 활용되며 고옥 앞에는 이층에서부터 늘어진 보라색 등나무 꽃이 무리지어 피어 장관을 이룬 곳이 많았다. 동네 규모가 워낙 커서 몇 골목을 다니다 다리가 아프면 비치된 의자에 앉아서 쉬기도 한다.

긴 골목으로 인력거를 탄 관광객이 손을 흔드는 모습은 그야말로 이 고도와 잘 어울리는 풍경이었다.

아들은 가족에게 줄 선물로 그곳에서 나오는 작은 돌로 만든 건강 팔찌를 몇 개 사서 내게 주었다. 여관으로 돌아오니 저녁밥이 다 되었다기에 나는 방안 큰 상에 음식을 차려놓은 줄 알았는데 상은 텅 비었다. 잠시 뒤 기모노를 입은 중년 여인이 하트 모양의 잔을 세 개 들고 문밖에서 한쪽 무릎을 세우고 앉더니 문을 사르르 열고 고개 숙여 절을 하고 들어온다. 입맛을 돋우게 하는 포도주란다. 나갈 때도 역시 그런 방식의 예를 차리고 나간다. 그 뒤로 열 가지의 음식이 나오는데 예의 그런 의식 같은 절을 스무 번 이상하며 시종일관 웃음으로 친절하게 설명했다.

나는 음식에 대한 설명을 들으면서도 저 여인의 다리가 얼마나 아플까 생각하니 딱한 생각이 들어 아들한테 "봉투에 팁을 좀 넣어주면 좋겠다." 라고 말했다. 아들은 "일본에는 팁은 금지되어 있으며, 이 코스가 1박2일에 우리 셋이 1백만 원이 훨씬 넘는다." 고 하기에 나는 깜짝 놀라고 말았다.

그곳은 산지山地라 산나물과 민물고기요리가 주종인데도 맛이 담백하여 구미에 잘 맞았다. 일인용 숯불 위에 말린 호바 잎을 깔고 미소와 채소를 넣어 구운 '호바미소'는 절대 빼놓을 수없는 요리란다.

밤이 되어 온천을 하러 가려는데 아주머니 두 분이 고개를 깊숙이 숙이고 인사하며 방안에 들어와서 벽장 속의 이불을 꺼냈다. 두터운 요를 깐 다음 그 위에 하얀 면 시트를 덮는데 아주머니들이 양 끝에서 힘껏 잡아당겨 반반하게 깐 다음 또 예의 그런 인사를 하고 나간다. 도대체 일본 사람들은 인사하다 볼일 다 보겠다는 생각이 들며, 진심에서 우러난 인사인지 의심이 되기도 했다.

일본이 우리나라보다는 선진국이라고 하지만 그 여인들을 보니 한국 여인들의 팔자가 더 좋은 게 아닌가 싶은 생각이 일순 들기도 했다. 그날 밤 실로 몇 십 년 만에 아들과 한 방에서 자는 영광(?)을 누렸다. 이튿날 조반 장소는 아래층 식당인데도 한 가족끼리 식사할 수 있는 방들이 많고, 각 방마다 기모노를 입은 아주머니들이 한 사람씩 붙어 시중을 들었다. 식후 역시 세단차로 기차역까지 모셔주기에 아들집으로 돌아와 우리 부부는 귀국할 준비를 했다. 같이 못 간 며느리에게 미안하다고 했더니 며느리는 워낙 여행광이라 그곳에도 여러 번 갔었고, 이번 여행지도 자신이 추천한 곳이라며 즐거워했다.

막냇손자 덕분에 간 여행이 무척 좋았지만 무엇보다도 처음 대면한 손자를 안아본 행복이 가장 우선순위로 기억에 남는다.

번번이 여행 경비를 마련해주는 두 아들이 고맙고, 우리 부부에게 큰 버팀목으로 자리하기에 항상 마음이 든든하다.

제4부 순백의 향기

주는 만큼 받는 사랑

시대 변천으로 핵가족이 성행하지만 예전의 대가족제도가 여러 면으로 참 좋다는 생각이 든다. 아들 내외의 맞벌이로 손자들을 맡아 기른 지 몇 년이 지났다. 그전까지는 남편과 둘이 남아 생활이 단조로웠고, 누구의 구애도 받지 않고 내 마음대로 시간을 쓰다가 이제는 손자들의 스케줄에 따른 시간 안배로 돌변하게 되었다. 처음에는 약간의 혼돈이 일기도 했다. 아이들 때문에 구속을 받는 것 같은 기분도 들었고, 쌓인 가사 일이 번번이 내 발목을 잡아 참석할 모임에 빠진 적도 있다.

그러나 별 말이 없는 남편과의 무료했던 시간을 생각하면 요즘은 집안에 활기가 넘치고 훈기가 돈다. 그런가 하면 해마다 쑥쑥 자라는 손자손녀 모습에서 나의 수고가 헛되지 않은 것 같아 행복하다. 간간이 만들어주는 간식 덕분에 나의 몸무게가 약간 늘어난 점이 걱정이긴 하지만.

며칠 전 마트에 장을 보러 갔다. 사내인 큰 녀석이 '음식시식코너'의 햄을 집어 다른 쪽에서 물건을 살피는 할아버지, 할머니, 제 부모한테로 쫓아와 입에 넣어주고 가느라 몇 번을 들락거렸다. 그 광경을 가만히 지켜본 담당 판매 아주머니가 손자 칭찬을 했다. "요즘 어린 아이들이 자기 입에 음식을 먼저 넣는데, 저 아이는 가족들 입에 넣어주느라 몇 번을 들락거리고 난 다음에 먹더라." 는 것이다.

내가 그 코너로 가니 아이가 어린데 어떻게 그런 교육을 시켰냐고 물었다. 대가족의 장점은 바로 그런 점이다. 우리가 시키지 않아도 어른공경을 스스로 터득해 나가는 것, 이보다 더 큰 소득이 어디 있으랴!

우리 부부만 살 때 남편은 밤 9시 뉴스가 끝나면 이내 잠자리에 들어 대화 한 번 제대로 할 틈이 없었다. 같이 늙어가며 정신적·문화적으로 공유할 부분이 없어 때로는 우울하고 서글펐던 나의 처지에 아이들은 좋은 선물로 내게 보내온 보물 같기만 하다. 방과 후에는 숙제 보살피기며 알림장에 쓰인 준비물을 마련하려고 문방구며 꽃집을 찾는다. 아이들은 무료했던 나의 인생에 생기를 불어 넣어주는 구실을 톡톡히 한다. 내가 아이를 맡기로 선뜻 대답한 가장 큰 이유는 손자들에게 정을 듬뿍 주고 싶은 마음에서다.

몇 십 년 전 시집을 갔을 때의 일이다. 시어머님의 만만찮은 시집살이에 눈물을 자주 흘렸지만 시아버님의 따뜻한 사랑이 나의 슬픔을 상쇄시키곤 했다. 친정아버지와도 별 대화가 없어 정을 못 느꼈던 터라 아버님의 며느리 사랑에 나 또한 감동되어 정성을 다했다. 대식구를 챙기느라 항시 잠이 부족했던 나를 위해 아버님은 새벽에 부엌으로 나가시어 몰래 쌀을 씻어 밥을 해놓으실 때가 있었다.

40여 년 전에는 석발기가 없어 조리로 쌀을 일어 밥을 할 시절이라 돌이 나올 때도 있고 죽밥이 될 때도 있었다. 그러면 어머님은 "집 안에 마누라와 며느리, 여자가 둘인데 무슨 주책으로 밥을 한다고 그러냐?" 며 역정을 내셨다.

아버님은 늘 나의 편이 되어 주셨다. 아버님의 병환이 깊어져 사경을 헤맬 때 나는 막내를 낳았다. 그런데 아기는 뒷전이고 아버님 방에 들락거리며 간호하다 보니 내 몸은 45kg으로 내려가고 모유가 말라버렸다.

친정어머니는 "아기 죽이겠다." 시며 밥물에 설탕을 조금 넣어 숟가락으로 떠먹이곤 했다. 3개월간 모유 맛을 느낀 아기가 우유를 먹지 않아 집안 어른들의 애를 태웠다. 나는 지금도 몸이 약한 막내아들을 보면 그때 젖배를 곯아서 그런 것 같아 그렇게 안쓰럽게 보일 수가 없다.

아버님이 최종적으로 의사에게 진단 받던 날, 가족에게 장례식 준비를 하라고 했다. 집으로 돌아오며 택시 앞좌석에 앉아 나는 하염없이 울었다. 장을 봐가려고 먼저 내린 나를 내 또래 이웃아주머니가 보고 "왜 눈이 그렇게 부었냐?" 고 물었을 때 아버님 얘기를 했다. 그런데 그녀는 오히려 그렇게 우는 나를 이해할 수 없다는 듯 "친정아버지도 아니고, 시아버지가 돌아가신다는 데 뭘 그리 서럽게 우냐?" 라며 깔깔거리기까지 했다. 나는 그 이후로 그녀의 매정함을 결코 용서할 수 없었고, 만나지 않았음은 물론이다.

아버님이 돌아가시자 병풍 뒤에 시신을 모셔놓고 하얀 시트를 덮어 놓았을 때, 나는 수시로 병풍 뒤로 돌아가 천을 걷고는 아버님의 평온한 얼굴을 보곤 했다.

친척들은 나의 그런 행동을 보고 "무섭지 않으냐?" 고 물었지만 나는 전혀 무섭지도 않았고, 이 세상에서 나를 가장 사랑해주시던 사람이 사라진다는 그 사실이 서글퍼 울음만 나왔다. 사람은 정을 받은 만큼 생각나고 그리워지는 것 같다. 지금도 아버님 얼굴이 가끔 떠오를 때면 보고파지고 콧등이 아려질 때가 있다.

요즘은 나의 큰 외손자가 이 할미를 무척 챙긴다. 녀석이 어릴 적 몇 년 간 내가 아이를 맡은 적이 있었다. 초등학교 1학년 때, 등교 시 교문에서 헤어지고 하교 시에는 교문에서 기다렸다가 손을 잡고 집으로 돌아오며 동요도 부르고 동화책 이야기도 하면서 사랑으로 키웠다.

근래에도 친손, 외손들을 데리고 전 가족이 일본으로 여행할 때 유독 그 녀석이 내 손을 꼭 잡고 다니기에 나는 큰 행복감을 맛보았다. 이제 남은 세월 동안 손자들에게 내가 줄 수 있는 정을 다 주고 싶다.

사랑은 주는 만큼 되돌아오게 마련인 것 같다. 행여 나의 사후에라도 이 할미를 가끔 생각해주면 좋겠지만, 그렇지 않다고 해도 생전 손자들한테서 느낀 즐거움만으로도 결코 밑진 인생은 아니라 자위해 본다.

달이 살아나던 밤

어린 시절 우리 형제들은 밤하늘 쳐다보기를 유난히 즐겼다.

별다른 소일거리가 없었던 시절이라 저녁 식사 후에는 그저 하늘 쳐다보며 노래를 부르거나 별자리 찾으면서 전설을 얘기하는 게 고작이었다. 모든 것이 부족했던 세월이었기에 상대적 빈곤은 항상 무언가를 갈구케 했다.

밤이면 널빤지 긴 의자에 앉아 달과 별을 쳐다보며 소망을 비는 것이 빠뜨릴 수 없는 하루의 일과였다. 속이 상해 괴로울 때도 '달아, 너는 내 맘 알겠지!' 라며 무언의 대화를 나누기도 했던 그 시절이 비록 척박했지만 아름답고 티 없는 날들이었다. 밤하늘 은하수에 달을 중심으로, 한 무리의 별들이 마치 곧짜기를 이루어 흐르듯 찬란한 광경은 전설을 품은 이상향의 세계 같기도 했다.

60여 년 전 그때는 과학이 발달한 시대가 아니었다. 어린 마음에도 하늘에는 신비한 힘이 있어 지상에서 이룰 수 없는 꿈과 소망을 빌면 이루게 하는 신이 있을 거라는 관념은 공상으로나마 희망을 갖게 했다. 그리고 달 속에 드리워진 검은 부분에는 옥토끼가 방아를 찧는다는 옛 전설을 그대로 믿었다.

우리 마을 한 가운데에는 어른 키 스무 배 정도의 깊은 우물이 있었다. 한밤중 물을 긷는 언니 따라 우물가로 나가면 우물 속에도 두레박 속에도 둥그런 달이 떠있었다. '달아 달아 밝은 달아 이태백이 놀던 달아' 라는 시구가 절로 생각날 만큼 달이 주는 정감은 우리 마음까지도 포근히 감싸주었다.

우물가에서 정분을 나누던 이웃들도 세상을 뜬지 오래건만, 옛 정취가 생각날 때면 그들을 향한 사모思慕의 정으로 가슴이 울컥거릴 때가 있다. 이제는 도시건 시골이건 우물하나 찾기가 쉽지 않다. 틀면 쏴 쏟아지는 수돗물의 위력에 밀려 우물조차 이제 전설이 되고 만 듯하다.

과학의 발달은 우주에 인공위성을 쏘아 올려 달에 사람을 착륙시키고, 달의 표면도 단지 흙으로 된 땅덩어리에 불과하다는 것을 밝혔다. 우리가 옥토끼라 여겼던 그늘진 부분도 분화구와 골짜기라는 사실이 밝혀지면서 달은 더 이상 신비한 존재가 아니다. 과학이나 문명도 이 세상에서 살아가는 인류가 좀 편해졌다는 그 이유만 빼면 결코 부러워할 이상적인 세계는 아니라는 생각이 든다. 무엇이든 어떤 분야에서든 뼛속까지 속속들이 파헤쳐 복잡한 내부를 다 드러내 보이는 마당에 어디 한 귀퉁이엔들 정감이 있을 소냐.

몇 년 전 민속답사팀 일원으로 완도의 땅 끝 마을로 가던 중이었다. 정월대보름날 완도지방에서 전래되어 오는 풍어제의 전 과정을 보기 위한 걸음이었다. 예정에도 없던 유적지를 두어 군데 들르는 바람에 목적지로 가는 길이 무척이나 늦은 밤중에 산길을 타고 버스는 달렸다. 노독 때문인지 모두들 곯아떨어져 차 안도 캄캄하고 온 사위가 조용했다. 그야말로 산천을 품은 자연이 통째 흑 빛인 가운데 한 줄기 빛이라곤 우리가 타고 가는 버스의 전조등뿐이었다.

이런저런 생각에 잠이 안 오던 나는 창 커튼을 살며시 걷고 밖을 내다보았다. 온 천지가 캄캄한 가운데 어느 한 산자락을 넘어서려는 찰나 먼 쪽 바다 위의 물결이 달빛으로 환하게 비춰져 찬란했다. 아! 나도 모르게 탄성이 나오며 온 신경을 곤두세우고 그 광경을 주시했다. 가운데는 밝게, 주위로는 서서히 비취는 은은한 달빛에 마치 포물선을 그리듯 퍼져나가던 물결의 움직임을 보았다. 그래! 저 빛이야. 내가 잃어버렸다고 생각했던 달이 그곳에 있을 줄이야!

완도의 밤바다, 태초에 하나님이 우주를 창조했을 때의 순수함 그대로의 빛이 아마도 저럴 거란 생각이 들만치 나의 정신은 온통 달빛 속으로 함몰되었다. 우주의 먼지 속에 굴절되어 보이는 서울 하늘의 희끄무레한 달빛이 아니라 옛날 널빤지에 앉아서 바라보던 그 달을 찾았고 별을 찾았다.

달빛이 그렇게 밝을 수도 있다는 사실을 그날 밤에야 알았고, 순간 내 몸을 담고 있는 곳이 차 속이 아니었다면 찬란한 달빛과 잔잔한 물의 파문 속에 나의 흔적을 사그리 잠구어 버려도 좋겠다는 상념이 일순 들기도 했다.

나는 벅찬 삼석 때문에 그날 밤을 고스란히 지새웠고, 어릴 적 동경했던 달의 신비감이 되살아나기도 했다. 또한 자연 속에 파묻혀

한평생 시를 읊고 살다간 옛 시인들의 환영이 내 눈에 어려 왔다.

『매일 읽는 긍정의 한 줄』에서도 저자는 말한다. '근심·외로움·불행을 치료할 수 있는 최고의 비법은 혼자서 조용히 하늘과 자연과 신이 있는 곳을 찾아 가라고. 그곳에서만 모든 것이 제대로 돌아가고 있음을 느낀다.' 라고 말이다.

과학이 무엇이든 그리도 대수인가. 보이는 대로 내 마음이 깨끗하면 달 또한 깨끗해 보이는 것을… 나의 신분, 위치, 노동력 등의 조건들이 가정이라는 울타리에 얽매이지 않은 완전한 자유인이라면 나는 주저 없이 자연으로 돌아가리라 싶었고, 옥토끼의 전설을 그대로 믿으리라 생각되어졌다.

완도의 밤바다가 생각날 때마다 그 순간의 정경이 아직도 내 눈에 밟히는 것은 순수한 자연의 힘 때문이라 여겨지며 그 밤이 그립다.

고향, 삶의 뿌리

미국 작가 에브리 코먼의 소설 『오랜 이웃』을 읽었다.

이 책은 '인간의 원초적 삶의 뿌리는 무엇일까?' 라는 의문을 던지는 동시, 인간성 회복에 대한 해법도 자연적으로 깨우치게 한다.

사람도 타향이나 타국에 살다보면 고향이 그리워 향수병에 걸리는 경우가 생긴다. 나이 들어감에 따라 그 강도는 배가한다. 말 못하는 짐승도 귀소본능이 있어 태어난 곳으로 돌아가 숨을 거두는 경우가 많다고 한다. 태어나고 자란 곳은 존재의 근원지라 그곳에 대한 향수는 누구나의 뇌리에 깊이 각인되어 있을 테다.

이 책은 한마디로 유년의 꿈을 잃어버린 사람들 마음속에 온기를 불어 넣어준다.

여러 삶의 형태 속에서 공통적으로 묻어나는 인간의 가장 원초적 고독, 그리고 참 생의 의미에 관한 이야기다.

유태인이면서 브롱크스의 빈민가에서 자란 스티비는 광고제작자로 성공하여 큰 부를 누리며 아름답고 활동적인 부인과 두 딸을 둔 40대 후반의 가장이다. 성공을 하게 되자 더 이상 추구해야 할 대상과 목표가 없어지게 된다. 20년 동안 쌓아올린 일도 급속도로 무미

건조하게 느껴지며 지난 생을 돌아본다. 가끔 고독감에 젖어 정다웠던 오랜 이웃들이 자주 생각날 때마다 그는 고향의 따뜻한 정서를 그리워한다.

어느 날 어릴 적 살던 집을 방문하고 자기가 새겨놓은 문틀의 낙서도 오랜 세월 동안 그대로 있다는 사실에 감동한다. 자신의 흔적이 지워지지 않았다는 사실에 경이로움마저 느끼며 소음과 광란이 난무하는 도시에서의 삶에 종지부를 찍는다.

정이 있는 마을로 돌아온 그는 아무런 후회도 않는다. 새로운 시작을 위해 캔디가게에서 소다수 판매원으로 50대의 나이에 꿈과 다시 거래를 하게 된다. 인간애가 깊고 이웃 간의 정이 배인 곳에 안주하는 스티비의 용기에 갈채를 보낸다.

뉴욕 출생인 작가는 『크레이머 대 크레이머』란 작품으로도 유명하며 영화로도 만들어져 80년도 골든글로버상을 휩쓸었다. 우리에게 진한 감동을 준 영화로 전 세계인에게 익히 알려진 휴머니즘 작가다. 아무리 성공한 사람이라도 최고의 위치에 도달하고 나면 한없는 기쁨과 행복이 기다릴 것이라고 생각하기 마련이다. 그러나 삶의 허탈과 회의, 고독과 방황은 보통사람보다 더 큰 아픔으로 옛날을 그립게 하는 요인이 되는 가보다.

오래전 캐나다 여행 시 관광버스 운전기사 분을 소개하는데 연세가 70인 할아버지였다. 젊어서는 경비행기 조종사였고 생활걱정은 하지 않아도 될 만큼 넉넉한 형편인데도 운전을 하셨다. 몇 년 더 이

직업에 종사하다가 기력이 더욱 떨어지면 시청에 들어가서 쓰레기를 줍는 일로 봉사하다가 생을 마치겠노라고 말씀하시어 관광객들은 박수를 쳤다.

우리나라 지도자급 인사들이 비리에 자주 노출되어 국민의 지탄을 받는 현상을 보면 울분이 치솟을 때가 한두 번이 아니다. 왜들 욕심이 그렇게 많은지 나는 도저히 이해가 안 된다. 그리고 한국에서 그 할아버지 같은 봉사정신을 가진 사람들이 있기나 한 걸까 하는 생각이 들면 서글퍼질 따름이다.

오손 웰스의 매력이 유독 돋보이는 영화 중 「시민 케인」이 있다. 아카데미 각본상을 받았던 우수작으로 '죽기 전에 꼭 한 번 보아야 할 영화' 라는 평을 받았다.

가난 때문에 어머니 품을 떠나 입양된 소년 케인은 맹목적으로 부와 성공을 쟁취한다. 하지만 결국 가장 소중한 것, 그렇게 갈망했으나 얻지 못한 것은 어린 시절의 행복과 사랑임을 깨닫는다. 그가 죽음을 앞두고 "나의 생은 모든 것을 가졌지만 또한 어떠한 것도 가지지 못했다." 는 말은 의미심장하다.

자신의 마지막 의식 속에 남아 있는 소중한 것은 돈도 사랑도 아닌, 어릴 적 자신이 즐겨 타던 썰매 '로즈 버드'를 나지막이 말하며 숨을 거둔다. 좋은 책이나 영화를 통하여 감동을 받을 때마다 '원초적 삶의 뿌리는 어릴 때의 꿈과 기억' 이라는 테마가 늘 나의 생각을 지배하곤 한다.

바쁜 일상에서도 어쩌다 스쳐가는 상념은 어릴 적 뛰어놀던 정감

어린 골목길과 코흘리개 동무들이다. 나의 유년시절 우리 동네는 꼬불꼬불한 골목길과 빈터에다 제멋대로 지은 집들이 들쑥날쑥하여 숨기놀이에 적합했다.

동네 가시내 머슴애들이 모여 철없이 뛰어놀던 시절, 그림으로 그려보고 싶을 만치 머릿속에 저장된 아름다웠던 날들, 내 생명이 다할 때까지 망각되지 않기를 소망할 따름이다. 삭막한 도시에서 나의 투정을 받아줄 곳이 어디 있던가. 고향은 삶의 질곡에서 아픔과 서글픔을 하소연할 여유가 있는 곳이다.

고향이란 말에는 어디 한 군데도 불순물이 끼어들 틈이 없는 곳, 현대인의 공복감을 채워줄 정서를 지닌 순수한 본향이다. 어제가 있기에 오늘이 있고, 내일로 이어지는 자연 질서 속에서 인간성의 상실을 막기 위해서는 고향의 정서를 잊지 말았으면 좋겠다.

우리가 영원한 생명을 부여받지 않은 다음에야 조상을 생각하고 자녀를 염려하며 대대로 이어져 갈 삶 자체가 한 맥으로 이어 내려온 질서라 생각하면 고향과 그 이웃은 얼마나 소중한가. 지나온 모든 것들은 소중하다고 느끼면서 이 책의 감동은 오랜 여운을 남길 것 같다.

지리산 일대 답사

동절기의 끝자락인데도 얼굴에 스치는 바람은 한겨울을 연상케 한다. 지리산 동남부 문화권 답사를 위해 학계 문학계의 40여 명 답사팀이 출발했다.

우리가 처음 도착한 곳은 산청군 단성면 청계리에 있는 운곡雲谷 농원으로 '남주 사슴목장' 이었다. 20여 년 전 K사장이 이곳 산골로 올 때 친구들이며 친지들이 워낙 오지라 한사코 만류했다고 한다. 지금은 아스팔트 2차선 도로가 생겼지만 산청군으로 들어가는 S자형 산길은 이 지역이 얼마나 험난했던가를 말해주었다.

이곳에 정착하여 산을 개간하고 노력한 결과 지금은 사슴 400여 마리나 되는 농장에 학생들이며 각 사회단체가 묵어갈 수 있는 숙박 시설, 수영장, 캠프장 등이 잘 정비되었다고 한다. 답사 일행 몇 십 명이 한꺼번에 식사하는 식당도 우牛사였던 곳을 개조하여 사장이 손수 지은 땀의 결실물이었다.

K사장의 모습도 여느 농부들과 조금도 다를 바 없이 소탈하여 이웃집 아저씨처럼 정다웠다. 또한 사장님의 구수한 재담은 유머러스하여 나그네의 마음도 한결 푸근해지는 것 같았다. "서울에는 마누

라가 포기한 동네 마포가 있고, 개도 포기한 개포동이라는 동네가 있다지만, 자신이 이곳에 올 때는 어떤 우둔한 짐승이라도 달아날 만큼 척박한 곳이었단다. 하지만 자기 곁을 떠나지 않은 마누라가 있었기에 오늘의 자기가 존재한다." 는 말에 우리는 박수를 쳤다. 그리고 농촌이 발전하지 않는 이유는 여자가 머물려고 하지 않기 때문이란다.

농원에서 준비한 막걸리와 동동주를 들이키며 술만큼 진실한 것도 없다고 말했다. 한 잔 마시면 조금 취하고 두 잔 마시면 조금 더 취하고…. 취한만큼 진실해지고 모든 허위의 껍질이 벗겨지면 발가벗은 인간 본연의 자세로 돌아가 울기고 하고 웃기도 한다는 그 말에 나 자신 공감이 갔다. 옛날 남편에게 쌓인 불만이 포화상태가 되었을 때 나도 그런 경험을 한 적이 있기에다.

우리나라에서 별보기가 가장 좋은 곳이라기에 쳐다본 밤하늘에는 손을 뻗치면 마치 잡을 수 있을 만큼 가깝고도 밝게 빛났다.

지리산은 전라남·북도와 경상남도 3개도에 걸쳐있으며 구례·남원·함양·산청·하동 등 다섯 군을 낀 국보적 관광지로 예부터 금강산·한라산과 더불어 삼신산의 하나로 이름을 떨쳤다. 1862년 임술민란이 일어났던 이곳은 이태 작作 『남부군』에서도 기술記述되었지만 빨치산 대원들이 활약했던 산이기도 하다.

고려 말기에도 이 지역은 사람이 살 수 없는 곳으로 낙인이 찍혔고, 1911년 통관부 시절 도로를 근래에 포장했다고 하니 국토로써도 이방인 취급을 당한 곳이다.

이튿날 식전 『삼국유사』의 「신충괘관항」에 기록된 단속사 절터를 보러갔다.

1,300년 전 신라시대의 당간지주와 한 쌍의 3층 석탑만이 그 옛날 만만찮은 절이었던 흔적을 남기고 있을 뿐이다. 고대 작품들은 재료 자체가 삶을 비추는 일종의 거울이라는 측면에서 또 다른 감동을 준다. 과거의 자리를 지키고 선 채 현재의 한 가운데 낯설지 않게 자리한 유물들의 모습에서 역사의 뒤안길로 사라진 시대의 환영임을 생각하면 그리 놀랄 일도 아니다.

절터는 좌청룡 우백호의 산세 사이에 기막힌 명당자리를 차지하고 있다. 절 앞쪽으로 능수버들 두 그루의 가지가 부러진 채 볼품없는 모양으로 나무의 명맥을 겨우 유지한다. 시간은 흘러 천 년을 넘긴 석탑의 무심한 모습을 뒤로 하고 대원사를 향해 가는 도중 산 가득 군락을 이룬 대나무 숲은 곧은 절개로 우수수 울어댄다.

세상사 난장판과는 상관없다는 양 싸늘한 바람결에 흔들리다가 제자리로 돌아오는 모습이 지리산을 지키는 충절의 나무임에 틀림없다는 생각마저 든다.

산을 내려오는 도중 지천으로 널린 밤송이껍질이 발에 채인다. 밤알이 빠져나간 빈껍데기 모습에서 허허로움을 느낀다. 물리적으로 내 몸에서 빠져나간 자식들이 있고, 기력이 쇠진해져 사상마저 빠져나간 말년의 나 역시 밤송이껍질 같은 빈 모습이 아닐까 싶다. 상념에 젖은 발걸음이 무겁다고 느끼는 새 어느덧 남명(南冥) 조식 선생을 모신 덕천서원德川書院에 이른다.

남명 선생은 평생 처사로 살았으며 조정에서 주는 벼슬을 여덟 번이나 거절할 만큼 권세에 초연한 인물이다. 그래도 옛 모습을 간직한 서원을 보니 하늘 천 따지를 읊어대던 학동들의 음성이 들려오는 듯한 착각이 인다. 서원 건너편 강변에 '세심정洗心亭' 이란 작은 정자가 세속에 찌든 우리를 반겨준다. 흐르는 물에 마음을 씻고 벼슬도 마다하고 제자들을 가르친 선현의 숨결이 정자에 서린다. 근세기 이 나라 정치사에 남명 선생 같은 분이 없음이 안타까울 뿐이다.

서원을 곁에 둔 이곳 산청 남사마을은 안동 하회마을과 쌍벽을 이루는 '자연보존지구'의 양반 마을이다. 고택이 즐비한 200m 골목길 담장은 담쟁이넝쿨로 뒤덮여 참 아름답다. 골목 깊숙이 들어가면 오래된 고가구처럼 시간이 고여 있는 최 씨 고가古家가 나온다.

안채·익랑채·사랑채·안채를 중심으로 ㅁ자형 배치의 구조는 빛바랜 나뭇결에 세월의 역사를 간직한 옛 모습 그대로다. 넓은 정원 한 켠의 텃밭에는 붉은 빛 상추가 탐스럽고, 뒷마당의 우물이며 디딜방아가 제 의무를 다하던 풍습을 그대로 밀쳐두고 한낮 뙤약볕에 졸고 있다.

큰 소나무를 비롯한 향나무·목련·벚꽃 등을 심은 바깥정원도 화려하지 않으나 단조롭고 절제된 멋을 풍기는 조화로움을 갖추었다.

이 고을에는 만석꾼이 두 사람, 천석꾼이 한 사람 살았던 동네라니 담장 길이에서 결코 헛소문은 아니란 생각이 들었다. 인위적으로 만든 민속촌이 아닌, 자연 그대로의 양반집들이 잘 보존된 곳이라 사학계 학생들이 많이 방문한단다. 일순 세월도 비껴놓고 이런 곳에 와서 살고 싶은 생각이 들기도 했다.

인생 후반에 물이 있는 골짜기에 세심정 하나 지어놓고 자신을 돌아보는 삶을 산다면 정말 좋으리라. 사람들을 사랑했느냐고, 열심히 살았느냐고, 그리고 어떤 열매를 얼마만큼 맺었냐고 나 자신에게 물을 것이다.

사랑을 다짐한 날

분주한 일상에서 짬이 날 때마다 떠오르는 얼굴은 우리 형제들이다. 새해를 맞은 요즘 빈도가 부쩍 늘었다. 한 지역에서 산다면 자주 만날 수 있는 여건이 되니 그렇게 그립지는 않을 터이다. 하지만 우리 형제들은 서울 부산 대구 대전으로 흩어져 사는 관계에 다함께 만날 기회가 그리 수월치 않다.

해가 바뀌면 나이가 한 살 더 늘기에 심적으로 썩 유쾌한 기분은 아니지만, 금년에는 팔순이 넘은 큰언니의 얼굴이 유독 눈에 밟혔다.

정월 마지막 주말에 아들식구가 해남으로 축구전지훈련 간 아들을 만나고 현지 구경을 한다고 했다. 내게는 "형제자매들 보고 싶다고 타령하시니 아버지와 같이 만나세요." 라며 부산행 왕복 열차 승차권을 예약해주기에 신바람이 났다. 6남매 모두 모인지 벌써 두 해가 넘었다.

부산역에서 만나기로 한 대전의 작은 언니와 아리랑호텔 앞에서 출발하는 부산시티관광버스를 탔다. 해운대를 향하는 동안 예전 학창시절 빈곤했던 도시의 모습은 찾아볼 길 없었다. 해운대에는 새의 날개를 연상시키는 멋진 지붕의 조형물, 84층 301m 아파트가 시야를 압도한다.

정비가 잘 된 해운대 바닷가를 한 번 거닐고도 싶었지만 겨울의 찬바람에 맞설 자신감이 없어 포기하고 만다. 부산에 가끔 용무가 있어 내려가도 일이 끝나면 곧장 올라왔기에 오늘처럼 느긋하게 시내를 구경하기는 처음이다.

아름다운 광안대교를 지나며 한국의 발전상이 피부로 느껴진다. 시티버스는 도시 전체를 훑고 지나가며 자신이 구경하고 싶은 곳에 내려 시간을 보낸 후 30분 격차로 뒤따라오는 버스를 타도록 편리하게 편성되었다. 요금도 일인 당 만원으로 과히 비싸지 않으며, KTX 열차표를 보이면 20% 깎아주는 혜택도 누린다.

해운대를 경유하여 부산역까지 약 두 시간, 우리는 그 표로 태종대를 구경하기 위해 그냥 눌러 앉는다. 영도다리를 건너며 부두에 매어놓은 수많은 배 사이로 파도가 일렁이는 모습에서 내 기억은 몇 십 년 전으로 돌아간다.

작은 가게로 생계를 맡았던 어머니는 우리 형제자매 중 누구라도 집에 있으면 같이 영도다리를 건너와 도매시장에서 버겁게 장을 보셨다. 머리에 인 짐도 무거운데 양손에조차 가득 들고, 나와 언니 역시 나룻배를 무수히 타던 기억으로 잠시 숙연한 기분이 되었다. 옛 추억이 서린 곳은 그곳이 아무리 변해도 자신의 눈에만 보이는 수많은 이야기와 그 시절 살았던 사람들의 존재가 영원히 잊히지 않는 법이다. 주변의 다정한 사람들도 종국에는 침묵의 세계로 사라지고 만다.

인생이란 어쩌면 그다지 화려하지도, 눈부시지도 않은 혼란과 그리움과 상실이라는, 긴 기록의 과정이 아닐까 싶은 생각이 든다.

어머니가 그립다. 어머니와 연관된 많은 사연들은 우리 자녀들 가슴이나 머리에서 하나도 잊혀 지지 않았다.

불황기의 영국을 이끌어 '철의 여인'이라 불렸던 대처 수상을 무색케 할 만큼 그 당시 어머니는 의지가 강했다. 여섯 남매를 책임진 여인의 일상은 늘 고통스러웠지만 어머니는 한 번도 힘든 내색을 보이지 않으셨다.

'태종대'라면 또 나의 추억이 많이 서린 곳이다. 어머니 뱃속에서부터 나는 탯줄을 통해 바다와 교감했기에 바다 음식과 바다 냄새에 이미 익숙해진 기氣를 가지고 태어났다. 바다를 보면 애처로운 어머니가 연상되기도 하지만 무조건 기분이 좋다. 학창시절 철부지에서 탈피하여 이성理性이 싹틀 무렵 영어 단어장 들고 단짝친구와 태종대 바닷가와 오솔길을 무수히도 오르내렸다. 수평선을 바라보며 목청껏 노래를 불렀던 그 시절은 내 인생에서 가장 아름답게 그려지는 추억이다. 아마도 글을 쓸 나의 감성적 바탕에 이 바다와 숲이 큰 영향을 미치지 않았을까싶은 생각에는 변함이 없다. 태종대까지 구경을 다 마치니 네 시간이 소요되어 짧은 겨울 해는 이미 그 모습을 감추었다.

우리는 서둘러 여동생 집으로 향했다. 여동생은 우리가 간다는 소식에 형제자매들에게 연락을 다 취해 놓았단다. 집안으로 들어서자 일찍 와서 기다리고 있던 큰언니가 우리를 안아주는 순간 왜 그리 반가운지 눈물부터 났다. 밤늦도록 네 자매가 이야기를 하다 보니 새벽 두시가 지날 무렵에야 잠이 설핏 들었다.

이튿날 아침 제부가 경전철을 타러가자면서 우리 자매들을 깨운다. 예전 독일의 프랑크푸르트 기차역에서 다른 지역으로 이동하며 경전철을 한 번 타본 적이 있긴 하지만 한국에서는 처음이다. 두 칸짜리 전차가 공중 위의 철로로 가는데, 앞자리에 앉으면 내리막일 때는 마치 낭떠러지로 떨어지는 것 같은 기분이 들어 오싹해진다. 기분 좋은 스케줄에 따라 다니다 집에 오니 두 남동생이 부부 동반으로 싱싱한 횟감을 가득 사오고, 여동생은 우리가 오기 전 울산에서 주문한 영덕 대게를 한 상자 들여와 쪄놓았다. 그야말로 진수성찬이다.

반주飯酒를 곁들여 화기애애한 식사가 끝난 후 노래 부르기 좋아하는 대전언니가 한 곡을 뽑자 큰언니가 일어서서 너울너울 춤을 추기 시작했다.

큰언니의 모습을 보는 순간 나는 알 수 없는 슬픔이 북받쳐 올라 눈물이 났다. 내가 큰언니를 몇 년 더 볼 수 있을지는 모르겠으나, 언니가 이 세상에 없을 때 춤추던 모습이 떠오르면 그 슬픔을 어떻게 감당할 수 있을까 싶어서였다.

“누님! 눈물은 전염성이 있어유. 우리 모두 울지 말리요.” 라며 작은 남동생이 나를 위로하기에 가까스로 참을 수밖에 없었다.

사랑했던 사람들이 사라지고 나면 눈에 보이지 않는 그 대상의 기억만이 긴 그림자를 드리워 그리울 것이다. 앞으로 여생에서 나와 연관된 누구라도 많이 사랑해야지, 정성으로 사랑해야지 다짐하는 하루였다.

인생의 길

시동생의 장례추도식 후 모든 절차를 끝내고 시부모님의 산소로 향하는 직계가족 모두는 아무 말이 없었다. 유달리 많이 내린 겨울 눈이 산야에 희끗희끗 남아 있는 풍경이며 날씨마저 흐려져 가뜩이나 상심한 유족들의 마음에 무게를 더한다. 인생의 허무를 새삼 각인시키듯 잿빛 운무는 허공을 채운다.

2011년 1월 25일 새벽 1시에 시동생의 운명 소식을 들었다. 한 인생의 만 70년간 삶, 순간 인생의 무상함에 유린당한 내 영혼은 어둠 속을 배회하듯 머릿속이 하얗게 비워지는 느낌이었다.

중국 당나라 시인 두보의 곡강 시편에는 사람이 칠십을 넘기기가 어렵다는 뜻의 '인생칠십고래희人生七十古來稀'라는 말이 나온다. 예전에는 70까지 살아도 청복을 누렸다고 말했다. 문명이 발달한 우리나라의 평균 수명은 현재 80세를 넘은 시대에서 시동생의 죽음은 너무 아쉽다. 20일 전 문병을 갔을 때 실눈을 뜨고 나를 응시하던 시선에서 무언가 할 얘기가 남은 것 같은 느낌을 받았던 표정이 마음에 못내 걸렸다. 그동안 외롭게 산 삶이었다. 영안실을 찾아온 조문객들 중에서 시동생의 친구는 눈을 씻고 봐도 찾아볼 수 없었다. 세상에서 자신의 죽음을 슬퍼하고 울어줄 친구가 단 한 명도 없다는 그 사실이 나를 울렸다. 몇 년간 세상과 담을 쌓고 병원 문을 들락거리는 처지였으니 사람들과 자연 격리된 생활에서 옛 친구가 찾아올 기대를 갖는다는 게 어불성설이리라. 하지만 자신의 삶을 잘 관리하지 못하고 방치한 그가 초라하고 안타까워보였다.

인디언들은 '친구는 내 슬픔을 등에 지고 가는 자' 라고 한다. 살아가면서 진정한 친구가 있다는 사실은 얼마나 아름답고 마음에 큰 위안이 되는지 모를 일이다.

시동생은 내가 결혼하고 대가족 시집식구들과 함께 살며, 만만찮은 시집살이에 벅차하던 나이어린 형수를 늘 따뜻하게 감싸주던 사람이었다. 또한 혼수를 해오지 않았다, 일을 못한다며 마음에 차지 않아 불평하는 시어머니께 형수를 너무 닦달하지 말라며 항상 내 편이 되어주었다.

시동생은 퇴근길에 어머님 군것질거리는 사오지 않아도 내게는 붕어빵이며 사과를 사다가 넌지시 건네주기도 했다. 어떤 아름답거나 슬픈 일이라도 마음에 각인된 추억은 평생 잊히지 않고 기억되는 법이다. 어머님으로부터 상처 받은 말들로 가슴에 무수한 피멍이 들었던 나를 위로해주었던, 그 당시의 보호자는 시동생이었다.

남편과 떨어져 있는 나를 늘 안타깝게 생각하고 태어난 조카에게 정을 듬뿍 쏟아주기도 했다. 병원에 있는 기간에도 예전 내가 보낸 육필 편지와 수필집을 꺼내 읽곤 했다는 조카의 말을 들으니 내게는 더 큰 슬픔이 몰려왔다.

누구에게나 죽음이 임박했을 때 기억나는 사람은 자신에게 영향력을 많이 끼친 존재가 아닐까 생각된다. 시동생의 외로운 삶에서 내 글을 위안 삼아 읽었을 모습이 더욱 애처롭게 생각되었다. 젊은 날 그는 정보기관에서 큰 역할을 하고 지냈기에 늘 자신만만했고, 나는 그런 시동생이 무척 자랑스러웠다. 자신에 찬 성격은 완벽주의자로 부인의 작은 허물도 용서하지 않는 점 때문에 아내와 헤어지고, 평생 아들 하나 건사하면서 독신으로 살았다.

세상을 살다보면 여러 부류의 사람들과 어울려야 할 필요성도 있다. 하지만 철저한 예의범절과 유교사상, 선비적 삶의 테두리 속에서 잡기를 금기시하는 생활로 일관하다 보니 외로울 수밖에 없었다. 삶을 비상사태로 여길 일이 아니건만, 모든 일이 완벽해야 한다는 강박관념에서 벗어나지 못했던 그가 한없이 답답해 보일 때도 있었다. 인생을 좀 더 즐기며 방관해 살아도 아이들은 잘 커가고, 우리가 사랑하는 이웃들은 죽어가며, 세상은 여전히 잘 돌아가게 마련이다. 바다도 보는 사람의 감정에 따라 절망적이거나 희망적으로 달리 보이듯, 인생도 자신의 연출에 따라 달라질 수 있는 행로가 아니겠는가! 행복과 불행은 오로지 자신의 책임일 뿐이다.

그런데 어떤 요인들이 그의 마음을 닫게 했는지, 시동생을 생각하면 연민의 정으로 마음이 아프다. 형수를 항상 응원하고 좋아하지만, 종교 면에서는 기독교를 선택한 나와 형제들을 달갑게 생각하지 않았다.

1973년에 아버님이, 85년도에 어머님이 돌아가셨고 그 동안 추도예배를 수십 번 드렸지만, 시동생은 단 한 번도 참석하지 않았다. '부모님께 절도 하지 않는 쌍놈의 교' 라고 항상 야유(揶揄)했었다. 그런데, 영안실로 들어서자 영정 아래 십자가가 놓이고, 찬송가가 녹음으로 흘러나와 우리 친척들 모두가 놀랐다. 평소의 시동생다운 처신이 전혀 아니었기 때문이다. 또 10년 전 시신기증을 하였다는 사실을 알았다. 시신기증으로 유가족에게는 장례절차가 훨씬 수월했다. 시신기증은 몸 전체를 의과대학에 보내어 성한 장기는 필요한 사람에게 보내고, 나머지 신체는 학습 연구용으로 오랜 기간 보관된다고 한다.

부산의과대학으로 보내진 삼촌의 몸은 이제 의학생들의 연구용으로 의학 발전에 기여할 것이다. 현재 시동생의 몸 가운데 뇌와 귀는 성능이 좋다니, 삼촌의 그 뜻을 고이 받들고 싶을 뿐이다. 최종적으로 의대에서의 연구가 끝나면 화장하여 7년간 대학병원 납골당에 보관을 한단다. 그 말을 들은 조카사위는 울분하여 방을 뛰쳐나가기도 했다. "부모한테 받은 소중한 몸을 그렇게 조각낼 수 있느냐?" 며.

몇 달 전 노인요양을 전문으로 하는 어느 교회 전도사님을 통하여 전도 받은 후, 전도사에게 시신기승 증서를 내보이며 "내 뜻대로 이행해 달라" 당부하고, 죽음에 앞서 하나님께 돌아갈 뜻을 밝히며 "아멘"으로 화답했다는 시동생의 용기에 우리 형제들은 모두 숙연해질 수밖에 없었다.

누구에게나 주어진 '인생의 길'이 늘 평온할 수만은 없겠지만, 적어도 죽음 앞에서 당당할 수 있는 삶, 진실한 삶을 산다면 값진 인생이 아니겠는가 하는 생각이 든다. 본인은 외로웠지만 누구에게 폐를 끼친 인생이 아니었다. 더구나 시신을 기증한 시동생, 그리고 평소 전 가족 친지들의 염원대로 주님을 영접하여 우리를 안심시켰으니, 마지막 인생길에서도 당당했다는 생각이 들어 고마울 뿐이다.

시부모님 묘소 앞에서 남편은 울먹이며 동생의 죽음을 부모님께 고했다. "아버지, 어머니! 당신의 둘째 아들이 부모님 곁으로 갔습니다. 저승에서나마 동생의 영혼을 반겨 맞아 주시옵소서." 하며 어깨를 들썩이며 서럽게 울었다. 동기간同氣間의 두터운 우애가 새삼 그립고, 외로웠던 동생에 대한 연민 때문이었으리라.

부모님의 묘소 앞에는 시동생의 시비가 서 있다. 어머님이 돌아가신 후 그 슬픔을 이기지 못하여 적은 내용의 시다.

어머니,
아! 내 어머니
이승과 저승의 문턱에서
당신은 마지막 가쁜 숨을 몰아 쉬더이다
내 육신의 살과 뼈를 만드시고 기르시던
인고의 날들이
불초 소생의 가슴에 오롯이 남았는데
큰 효도 한번 못 받으시고 가시는 길
이 슬픔 어찌 하오리까.
……
……

타인들은 시동생을 냉철한 사람으로 기억할지 모르겠으나, 나는 그가 누구보다도 여린 사람이라는 사실을 알기에 그의 영혼을 위한 기도를 게을리 하지 않으리라 다짐한다. 주님이시여! 그의 영혼을 주님의 품 안에서 늘 지켜주옵소서.

영혼의 자유

삶에서 여행이 주는 의미는 참으로 크다. 여행에서 받은 감명은 때로 자신을 돌아보는 계기가 되기에 오랫동안 여운이 남는다.

중국 복건성에 위치한 무이산 정보지를 읽는 순간 마음이 설레었다. 주자학의 시조 주희 선생이 산을 소요하며 구곡을 예찬한 시구詩句가 바위에 새겨진 곳, 산 위에서 내려다보는 경치는 선계仙界를 방불케 한다는 극찬의 글이다. 평소 뜻이 잘 맞아 여행에 자주 동행했던 문학인 6명이 길을 나섰다.

유네스코 세계자연문화유산으로 등재된 무이산은 중국의 5대 명산名山 중 하나다. 36개 봉우리와 99개의 암석이 저마다 기막힌 모양새로 눈길을 붙드는 곳.

우리는 산과 인접한 국모호텔에 여장을 푼다. 창밖을 보니 잔뜩 찌푸린 날씨가 마음에 걸린다. 신선이 놀았다는 곳, 그 산을 오를 기대로 잠까지 설친 후 새벽에 일어나니 반갑잖은 비가 내리고 있어 실망이 여간 크지 않았다. 산 아래 당도하여 하늘과 맞닿은 산등성을 쳐다보니 정상을 오르는 사람들의 행렬이 마치 개미떼가 줄지어 가는 모습과도 흡사하다. 가파른 암벽 가운데의 절벽 난간만 의지하고 오르는 사람들을 보는 순간 너무 아찔하여 두 번 다시 쳐다볼 용기가 나지 않았다. 거대한 자연 속에 우리 인간의 모습이 얼마나 작게 느껴지던지 몰랐다.

해발 670m라니 그렇게 높은 산은 아니지만 가파른 돌계단에 비가 내려 반질거려 등에선 진땀이 났다. 회원 중 가마를 타겠다는 분, 아니면 아예 산 아래서 기다리겠다는 분을 두고 몇몇은 산을 올랐다.

학계의 원로元老이신 L박사님은 세계 여행 경험도 많지만 중국어도 능통하고 앞장서서 우리를 인도하시기에 안도감이 왔다. 여행기간 내내 따뜻한 커피를 타 오시어 우리의 갈증을 적셔주니 회원들을 배려하는 마음씨에 감동이 일었다.

숨이 턱에 닿도록 정상으로 향하다가 팔각 정자 쉼터에서 경치를 완상했다. 구곡의 경관은 잿빛 운무에 가려 보이지 않고 맞은편 우뚝 솟은 접순봉接筍峰이 위용을 자랑한다. 직각으로 양 면 모두 마치 두부모를 자른 것처럼 반듯하여 인위적으로 바위를 갈라놓은 것 같은 착각마저 들게 한다. 하늘과 땅 사이에 퍼진 안개사이로 멀리 옥녀봉 큰 바위가 머리만 내놓은 형상으로 공중에 떠 있듯 나타났다 사라진다. 흑백만이 대비한 한 폭의 수묵 산수화 속에 신선이 된 듯 자연과 동화되는 순간이었다. 자연은 기후 변화에 따라 시시각각 다른 세계를 보여준다. 우리는 정상까지 가지 못하고 팔각정이 있는 갈래 길에서 하산하고 말았다.

전설에 의하면 '무이산'은 팽조의 두 아들 팽무彭武와 팽이彭夷의 이름 한 자씩을 따서 지었다고 한다. 그 유래를 알 수 있는 천유각에

삼부자의 석상이 나란히 앉아 있다. 무이산을 찾는 많은 사람들이 자신들을 칭송하는 소리를 듣기라도 한 것처럼 입가에는 미소를 머금은 표정이다.

천유각 이층에는 기념품을 파는 곳으로 장개석 부인 송미령 여사가 가무를 즐긴 적이 있다는 안내인의 설명이다. 세월이 유구히 흘러도 자연은 변함없다. 그러나 한 시대를 풍미한 인간의 실상은 벽에 걸린 액자 속 그림으로 밖에 남을 수 없는 세월의 무상無相에 잠시 숙연해진다.

언제였던 가
아득한 시간 그 너머로 갇힌
피안의 여인아
춤추는 고운 자태 망막에 어린다
안개여 걷혀라 차마 선계의 모습은
감추고 싶은가
발길 돌리려 해도 한 미련 남아
발목이 잡히누나.

뒤돌아서려니 무언가 아쉬워 나도 모르게 시詩 한 수가 떠오른다. 남송 때의 유학자이며 주자학을 집대성한 인물로 두보와 어깨를 나란히 하던 주희의 시구가 곳곳에 산재한 강을 유람하기 위해 우리는 강어귀로 간다. 굵은 대나무를 엮어 만든 죽벌竹筏 뗏목인데 6명이 탈 수 있고 앞쪽에는 번호판이 붙어 있다. 사공이 앞뒤로 서서 물의 흐름을 파악해가며 장대를 저었다. 그곳에서 잔뼈가 굵은 사공들인지라 강물의 흐름을 손바닥 보듯 훤히 아는 표정으로 손놀림은 능수능란하다.

가끔 장대를 깊숙이 꽂으며 강의 깊이가 얼마나 깊은지를 가늠해 보이곤 한다. 강을 따라 일곡씩 흘러가는 동안 강의 양옆 큰 바위에는 붉은 글씨로 이곳 무이산을 칭송하는 시가 적혔다.

환상적인 경관 속에서 세계의 많은 관광객들이 뗏목을 타고 경치와 시를 감상하는 표정에 사공은 매우 흡족해 한다. 산과 숲, 계곡은 빗속에 침잠하여 고요하고 짐승들도 제집을 찾아들어 꼼짝하지 않는다. 노 젓는 소리만이 물결 따라 파장을 일으키는 가운데 소용돌이도 만나고 잔잔한 호수 같은 곳을 지나 장장 90분을 흘러내린다. 노 젓는 사공의 손이 새빨개져 측은지심이 발동하기도 한다. 삶은 이리도 진실한 것을. 사공의 적은 수입으로 생활비를 버는 그들 앞에 호사스런 관광객 신분인 우리가 어떻게 비춰질는 지는 모르겠다. 날씨가 맑을 경우 산 모습이 그대로 강물에 비친다는 장관은 못 보았으나, 옥녀봉·대왕봉·접순봉·삼고봉 등 산허리를 감은 안개는 신비스런 광경을 연출한다.

땅덩이가 크기에 그런지 산천경관도 웅장하다. 가로 길이가 약 600m, 세로 길이가 200m 가량으로 축구장 두 개가 들어간다는 한 덩어리 바위 앞에선 그만 기가 질린다. 산을 내려오는 곳곳에 차밭이 있고 공기 좋은 이곳 무이차(茶)는 고급차로 정평이 나 있단다. 땅이 넓은 데서 오는 안도감이 우리를 부럽게 한다. 평소 현실의 번잡함에 불평 많던 나는 어디로 갔는가! 내 영혼은 산허리를 감아도는 안개 속에, 구곡을 흐르는 뗏목 위로 자유롭게 훨훨 떠다니고 있었다.

열정과 고독 전(展)

영하의 겨울 날씨에 코트 깃을 세우고 발걸음도 총총 덕수궁 문 앞에 이른다.

창구에서 미술전시회 관람권을 사는데 65세 이상이라 단돈 5천 원만 내란다. 세상에서 이처럼 경로우대가 확실한 나라가 있을까 싶을 정도로 고마운 생각이 든다. 지하철을 탈 때도 송구스러운 마음이다. 지난여름 일본 여행을 할 때다. 교통비가 너무 비싸서 행선지를 바꿀 때마다 지갑에 남은 돈을 살펴볼 정도로 신경이 쓰였던 일과 비교가 되어서다.

문을 들어서자 텅 빈 궁 안 뜰에는 간간이 데이트 하는 아베크족들만 눈에 뜨일 뿐 조용하다. 맨몸으로 눈을 듬뿍 이고 선 나목을 보니 어떤 거짓도 꾸밈도 없이 자신을 송두리째 내보이는 나무에서 신선한 기분마저 느낀다.

세월이 흐를수록 사람의 모습도 저 나무처럼 자신을 부끄럼 없이 투명하게 내보일 수 있다면 이 사회가 얼마나 행복해질까 하는 소망이 마음에서 솟구친다.

눈 내린 고궁의 정경은 마치 수묵화 속으로 들어가는 것 같은 정적靜寂이 감돈다. 겨울 광경이 그저 황량하기만 한 것은 아니다. 요즘에는 어떤 환경과 맞부딪히더라도 깨달음이 오는 나이에 든 시간상이 반갑다. 왜들 나이 듦을 한탄하는지 모를 일이다.

석조전 양쪽 벽에는 피카소의 작품 「초록색 모자를 쓴 여인」과 키스 반 동겐의 「푸른 눈의 여인」 작품이 현수막으로 길게 붙었다. 오전 11시에 시작하는 해설사의 설명을 듣기 위해 숨을 헐떡이며 전시장으로 들어선다.

이번 전시회는 피카소·라파엘·루벤스·세잔느 등을 비롯한 총 39명의 유명 화가들 작품을 엄선하여 20세기 전반 유럽의 표현적 경향을 살펴보는 기회다. 또한 미공개된 표현주의 독일 작가들의 드로잉 작품을 최초로 공개했다.

오스트리아 비엔나에 있는 알베르티나 미술관은 1921년에 개관한, 유럽에서도 손꼽히는 컬렉션 중 하나다. 중세미술부터 현대미술에 이르기까지 방대한 양의 작품을 소장하고, 세계에서 유일한 독자적 그래픽아트 컬렉션을 보유하고 있다. 이런 좋은 그림들을 나의 여생에서 또다시 볼 기회가 없을 것만 같은 생각이 든다.

20세기 초반의 시대적 배경은 유럽 여러 국가 중 영국과 프랑스를 주축으로 한 식민지 쟁탈전이 치열했고, 제1차 세계대전 발발로 민심이 흉흉할 때였다. 그 시기에 유럽 작가들은 고독과 열정으로 그들의 삶을 새롭게 인식했다. 미래에 대한 막연한 불안감 속에 창작의 원천을 삶의 인식에서 찾고, 인간의 내면을 그리는 미술이 중요

과제가 되었다. 그런 동기가 20세기 미술의 시작이며 현대미술의 원동력이 되기도 했다.

세월이 흐를수록 나는 삶에 대한 열정이 오히려 더 높아지며 하고 싶은 일들이 많다. 교회에서 찬송을 부르면 합창부원이 되고 싶고, 미술전시관에 가면 그림을 배우고 싶은 욕망이 분출한다.

중고교시절 절친한 친구가 결혼 후 남편과 아들 하나를 두고 독일로 그림을 공부하러 유학 갈 때 우리 친구들은 그녀를 이해할 수 없었다.

부산에서 학창시절을 보낸 친구와 나는 틈이 나면 태종대로 잦은 걸음을 옮겼다. 친구는 이젤과 캔버스를, 나는 영어 단어장을 들고 태종대 바닷가며 송림 길을 수없이 걸었다. 그날들을 생각하면 일찌감치 진로를 정한 친구와는 달리 나는 모든 여건이 불확실하여 고민했던 기억이 아픔으로 되살아난다.

친구는 독일연방정부의 장학금을 받으며 돌덩이 같은 빵과 커피 한 잔으로 버티며 독일 땅 곳곳을 누비고 그림을 그렸다. 그녀의 열망은 '그림에 인생의 승부를 걸고야 말겠다' 는 강한 의지로 여러 해를 고난으로 보냈다. 세계에서 이름난 화가로 아직까지 활동하는 모습을 보면, 자신이 하고 싶은 분야에 평생의 시간을 투자하는 열정과 용기가 정말 아름답고 친구지만 존경스럽다.

그림이 전시된 화가 중에는 일생을 불우하게 살다간 화가도 여럿이다. 물감조차 제대로 살 돈이 없었으며 끼니를 굶다시피 한 고흐,

고갱, 밀레도 있다.

샤갈은 내면의 갈망을 여과 없이 표현하여 자신이 동경하는 희망과 자유, 사랑을 하늘에 띄어 올려 둥둥 떠다니게 표현한다. 사랑하는 아내 벨라를 모델로 공중 부양하는 그림에서 관객들 얼굴에도 잔잔한 웃음이 번지며 행복감에 젖는다.

샤갈은 장수를 했지만 그림의 그 어떤 사조思潮에도 가담하지 않고 독자적인 방식대로 사물을 표현했다.

해바라기를 그린 고흐, 타이티 섬의 풍광을 화폭에 옮긴 고갱의 열정적 그림들, 농촌풍경을 그린 밀레 등. 살아 있을 당시에는 대중에게 큰 관심을 받지 못했지만 사후 그들의 그림은 국보로 여길 만큼 귀한 대접을 받는다.

'인생은 짧고 예술은 길다' 는 진리를 증명하는 위인들이다. 한겨울 언 마음조차 녹이는 예술잔치 한마당에서 마음에 평화를 안고 집으로 돌아오는 기분이 날아갈 듯 좋았다. 하지만 역사에 흔적을 남기는 위인들을 볼 때마다 나는 어떤 이미지로 세상을 살다가야 할는지에 대한, 묵직한 과제를 안고 돌아오는 빌길음이 무거울 수밖에 없었다.

역사와 전통

어느 햇가 한겨울 민속답사팀의 일원으로 철원을 향했다.

'역사와 예술 전통'이라는 타이틀의 여행이었지만 사실 나는 두루미, 학, 기러기가 긴 다리로 땅을 차며 날개를 쫙 펴고 하늘로 비상하는 천통리의 철새 모습이 다시 보고파 떠난 걸음이었다. 국가든 가정이든 예부터 이어져 내려오는 전통이란 바로 역사를 의미하기에 얼마나 소중한가.

철원은 '철의 삼각지대'로 전쟁의 상흔이 곳곳에 묻어있다. 멀게는 후고구려를 세운 궁예가 이곳으로 도읍을 옮겨 13년간 통치를 했으며, 그 후 왕건이 고려를 건국한 곳이기도 하다. 역사의 수레바퀴는 쉼 없이 돌아간다. 한때의 영화가 스러지는 시기와 동시에 또 다른 세력이 확산되는 시간상을 살고 있는 역사의 아이러니가 슬플 뿐이다. 후일 통일이 되면 철원은 한반도의 가장 중심부 위치로 나라의 중추적 역할을 할 도시가 형성될지도 모른다. 철새가 나는 아름답고 평화로운 이 들판에 철골구조물이 잠식할 생각을 하면 모골이 송연해 옴을 느낀다.

잠시 이런저런 생각에 기분이 침울한데 국보 '비로자나불'이 모셔진 도피안사寺로 간다는 말에 마음의 위안을 얻을 양으로 발걸음이 가벼웠다. 현재 휴전선 가장 북쪽에 위치하며 세속인의 안식처일 것 같은 근사한 이름의 절이 기대와는 달리 어느 졸부猝富의 별장만한 규모에 적이 실망스러웠다.

답사를 다니며 현지에 남아있는 유적들을 볼 때마다 우리 문화재에 대한 애정은 안타까움으로 변해 마음이 아릴 때가 있다. 옛 모습 그대로 잘 보존된 곳도 있긴 하다. 하지만 상당수의 문화재는 모양이 변형되고 위치가 바뀌며, 원래의 모습에다 덧칠을 해놓아 진품의 가치가 훼손된 때문이다.

중국 송나라의 진품이라는 연대의 불상은 순수한 백색 철鐵불이란다. 그런데 원형대로 보존하면 좋으련만 번쩍번쩍 황금 칠을 해놓았고, 불상의 내력이나 연대를 적은 글귀도 시주함이 가로막아 읽어볼 수조차 없었다. 귀중한 문화유산을 변경시키는 것은 도대체 누구의 발상인지 모르겠으나 문화재로서의 가치나 의미가 퇴색될 수밖에 없었다. 그날 해설을 맡았던 J대학 역사학과 교수의 분노는 매우 컸다. 철원골짜기까지 허상으로 변형된 불상을 보려고 40여 명이 달려갔으니 말이다.

문화재뿐 아니라 전래되어오는 풍속이나 옛이야기 하나라도 정확한 고증으로 기록하면 문화적 유산이 된다.

일본인이지만 우리나라 역사와 전통을 사랑한 분으로 아사카와 다쿠미를 들 수 있다. 그는 정작 우리나라 사람보다 한국을 더 사랑한 분이다. 본국에서 받은 봉급과 결혼 시時 그의 어머니가 양복을 해 입으라고 준 돈까지 털어 경복궁 향원지 앞 집경당 건물에 전시실을 만들고, 그 동안 수집한 한국의 백자·그림·민예품 등 문화재를 전시하였다. 그 후 그가 소유했던 유물들은 한국에 기증하여 현재 국립박물관에 잘 보존되어 있다. 도자기도 물론이지만 우리나라에 대한 그의 애정은 수목에조차 마음을 썼기에 현재 홍릉수목원에는 그가 심은 120년 수령의 소나무가 건재 한다. 그분의 유해는 조선인들의 장례 행렬로 망우리에 모셔졌으며 해마다 선생을 기리는 제사도 지낸다.

아사카와 선생은 우리나라 애국자 한용운과 오세창, 시인 박인환과 어린이날 창시자 방정환이며, 천재화가 이중섭이 묻힌 망우묘원에 그들과 동격으로 나란히 잠들었다. 그의 묘비에는 '한국의 산과 한국의 민예품을 사랑하고 한국인의 마음속에 살다간 일본인, 여기 한국의 흙이 되다.' 라고 적혀 있다.

또 그의 일대기는 한국에서 영화로도 만들어져 「백자의 사람 조선의 흙이 되다」라는 제목으로 제작되기도 했다.

서울을 찾은 서양인들은 한국의 역사가 5천 년이란 사실에 어리둥절해 한단다. 사대문 안에 몇 개의 궁이 있긴 하지만 '사방을 둘러보아도 아스팔트와 시멘트 구조물뿐인데 도대체 역사가 어디 있단 말인가? 한국의 역사는 이 땅에 최소한의 흔적도 남기지 않은 것 같다'고 신랄히 비판한다.

오래전 어느 모임에서 한 외국인이 말했다. 한국 방문을 앞두고 설렘으로 한국에 관한 책도 읽고 사전지식을 가지고 공항에 내리는 순간 당황했다고 한다. 한국 여인들을 보는 순간 자신이 유럽의 어느 도시로 온 게 아닌가 하는 착각이 들었단다. 서양에서 숱하게 보아온 노랑과 갈색머리, 쌍꺼풀 수술로 큰 눈이며 높은 코 등은 책에서 얻은 정보 내용과 달라서 실망이 되었단다. 검은 머리에 실눈이며 쪽진 머리까지는 기대하지 않았더라도 최소한 전통적 동양여인을 상상하며 밤잠을 설쳤는데 '아~ 실망' 이라고 말이다.

이탈리아의 로마시 청사 바깥벽이 더러워져 때를 벗기려고 작업을 하려하자 로마 시민의 반발로 멈췄단다. 때와 이끼 낀 그 자체가 세월의 흐름이며 역사와 전통이라는 관점으로 바라보는 그네들의 시선에 정감이 가지 않을 수 없다. 그래서 반은 벗기고 반은 그대로 놔두었다는 기사를 읽었다.

우리가 스위스 시계라든가 몽블랑 만년필 등 명품을 찾는 이유도 그 상품이 지닌 역사와 전통의 장인정신이 배인, 그 나라의 문화를 사는 행운아란 자부심 때문인지도 모른다. 천연자원이 부족한 우리나라에서는 신세대의 음악이나 영화 등 문화 예술 면으로의 부각도 중요하지만, 역사와 전통이라는 맥락에서 가야금이나 부채춤의 보급도 좋으리라. 오천 년의 대한민국! 이 얼마나 유구한 역사인가.

김장철 단상

우리네 식탁에 꼭 있어야 하는 반찬이 김치가 아닌가싶다

산해진미가 즐비해도 김치가 빠지면 허전해 보일만큼 김치는 우리 먹거리에서 중요한 몫을 담당한다. 맛있는 고기로 배를 채워도 마지막 김치 한 조각을 먹어야 입맛이 개운하다. 김장철이 적기인 요즘 집집마다 김장을 담그느라 부산한 모습이다. 우체국에 볼 일이 있어 가는 도중 동사무소 옆 공터에 차일이 쳐져 있다. 사람들이 북적대기에 김장시장이 선 것 같아 몇 포기 사려고 가까이 가보니 '이웃돕기 김장 담그기' 란 현수막이 담벼락에 걸려 있다. 추운 날씨에도 이 지역 부녀회 아주머니들이 이웃을 위하여 봉사하는 장면에 희망이 샘솟듯 기뻤다. 고춧가루, 마늘, 젓갈이며 신선한 야채로 버무려 놓은 양념이 꽤나 먹음직스럽다.

우리 이웃에는 아직도 어려운 분들이 많은 현실이다. 겨울이 되면 외로운 독거노인이나 저소득층 사람들에게 김치와 연탄을 나누어 주며, 사랑을 베푸는 한국인들의 따뜻한 정을 보면 마음조차 훈훈해진다.

예전에는 김장철이 되면 은근히 걱정이 앞서곤 했다. 배추 무를

절여서 씻고 갖은 양념으로 버무려 독에 담아 땅에 묻던 시절이었으니, 그 수고로움이란 이루 말로 표현할 수가 없었다. 늦가을로 접어들 무렵이면 주부들은 삼삼오오 모여 김장을 소재로 한 얘기가 풍성해진다. 긴 겨울나기에 온 가족이 먹을 반찬으로 김치만한 음식이 어디 있으랴! 양념에도 생새우나 굴 또는 물 좋은 생태나 갈치 등을 넣어 부족하기 쉬운 비타민, 미네랄, 유산균 등을 보충한다. 세월이 흐를수록 조상의 지혜는 새록새록 가슴에 와 닿아 나를 감동시킨다. 발효음식의 우수성이 과학적으로도 증명되어, 이제 전 세계인이 한국의 김치와 된장을 모르면 간첩이라 할 정도로 통용이 만연되었다.

날이 꽤나 쌀쌀한데도 김치를 부지런히 담그는 아주머니들 모습을 바라보고 있으려니 아득한 세월너머 나의 새색시 적 어느 한 장면에 기억이 멈춘다. 40여 년 전, 그 시절에는 한 해 농사를 짓는 비중만큼이나 김장을 중히 여겼다. 작게는 몇 십 포기에서 대식구였던 우리 집에선 몇 백 포기가 다반사였다.

첫딸이 만삭이었을 무렵의 어느 날, 마당에 뽑아다 놓은 채소무더기를 바라볼 때마다 한숨이 나오곤 했다. 늦가을 해는 짧기만 한데 그 많은 양의 채소를 혼자 다듬자니 몸도 마음도 납덩이를 단 듯 무거웠다. 남산만큼이나 부른 배에 쪼그리고 앉은 자세라 금방 피곤이 몰려오고, 몇 시간 지나니 손발이 시리고 몸은 뒤틀리는데, 어머님은 외출에서 돌아오시지 않았다. 해가 떨어지기 전에 마쳐야 한다는 강박관념은 칼을 잡은 손마저 자꾸 빗나가게 했다.

'고초 당초 맵다지만 시집살이 더 맵다' 는 옛말이 실감나며 자신의 처지가 서러워 얼굴이 퉁퉁 붓도록 운 적이 있다. 남편조차 타국으로 간 지라 서러운 마음을 위로 받을 곳이 없었다. 살아오면서 김장철만 되면 나를 고뇌케 했던 그해 늦가을이 생각나고, 등 떠밀려 택한 결혼은 아킬레스건처럼 나의 고통을 자극하곤 했다.

그때는 김치공장에서 김치를 생산하고, 물을 사먹는 시대가 오리라는 것은 상상도 못할 시절이었다. 지금은 김치를 사먹는 가정이 오히려 더 많은 실정이다. 아니면 절여놓은 배추를 사서 자기 입맛에 맞는 양념으로 담기도 하니, 얼마나 편리한 세상인가. 보관도 김치냉장고 덕분에 시어지는 일도 없이 항상 신선한 맛을 유지하니 주부들의 걱정을 크게 덜은 셈이다.

독일의 심리학자이며 작가인 우테 에르하르트의 저서에서 여성들을 향해 그녀는 말한다. '일상생활에서 당당하게 "NO!" 라고 말할 수 있는 방법'을 제시하며, '착한 여자가 알고 있는 것이라고는 이해·배려·인내뿐이다.' 라고 답답해 한다.

또 '사회가 요구하는 기준에 맞추기보다 자신을 사랑하고 자신의 감정에 충실하라' 고 말이다.

그 시절, 힘든 환경에 그저 순응하며 나 자신을 내몰았던 감정의 기저에는 예의범절 없는 며느리로 행여 친정 부모를 탓할까 두려웠던 이유도 한 몫을 했다.

이 시점에 와서 보니, 그때의 나는 나 자신을 전혀 사랑하지 않았던 셈이다. 세월이 참 많이도 흘렀다. 세월의 흐름을 안타까워할 일이 아니다. 시간은 사람을 성숙하게 한다. 지금은 나 자신뿐만 아니라 타인에게도 사랑을 쏟고 싶은 마음이 간절하다.

김치 담그는 광경을 멀거니 바라보는 내게 한 아주머니가 배추 한 닢에 양념을 싸서 입속으로 넣어준다. 정말 맛이 있었다. 김치 본래의 맛도 맛이려니와 봉사하는 손길의 정성이 보태어져 더 깊은 맛이 나는 게 아닌가 싶었다. 이 김치를 드실 연로한 어르신들이 얼마나 기뻐할까 생각하니 마음이 편해지면서도 그들의 처지를 생각하면 울적해지기도 한다.

우리가 자랄 때의 열악했던 환경을 지금의 젊은이들은 아마 상상도 못할 것이다. 긴긴 겨울밤 보리밥 한 공기로 저녁을 때우고 나면 배가 출출할 때 먹을 것이라고는 기껏 고구마나 감자라도 있으면 감지덕지하던 시절이었다. 그야말로 아무 것도 먹을 게 없을 때면 얼음이 엉겨 붙은 동치미 무를 꺼내어 우적우적 씹기도 했다. 물질은 비록 부족한 시대였어도 사람 사이의 정은 늘 따뜻했다.

현대인을 일컬어 이기적이고 인간미가 없다고 질타하는 소리가 높다. 하지만 김치를 담그는 아주머니들의 얼굴에는 행복한 빛이 역력했고, 예전 우리 이웃 간의 정과 웃음을 이곳에서 재발견한 것 같아 내 마음도 기쁨으로 흡족했다.

“내년에는 저도 끼워주세요.” 라고 말하며 돌아서는 나를 종일 살맛나게 하는 하루였다.

『태백산맥』 문학기행

한 해의 끝머리에서 '전라남도 문인협회' 주최로 조정래 작가의 『태백산맥』 문학기행 일원이 되었다. 송년을 겸한 행보라 남도로 향하는 마음이 들뜬다. 차창밖 멀리 구름 한 점 없는 청색하늘을 배경으로 산등성의 유연한 곡선이 시야 가득 들어온다. 자연과 마주하면 머리가 맑아진다. 추수가 끝난 논바닥에 짚을 둥글게 말아 여기저기 널려 있는 풍경이 한 폭의 그림인 양 평화롭다.

문우들과의 정담이 풍성해질 때쯤 첫 번째로 들른 곳은 영랑 생가生家였다. 학창시절 「모란이 피기까지는」 시구詩句를 중얼거리며 교정을 걷던 추억을 연상한다. 사춘기 소녀 적 감상대로 그저 애상에 잠긴 사랑의 독백쯤으로 생각했던 내용이 실은 망국의 통한을 읊은 내용임을 알고는 나의 무지無知에 부끄러웠던 적이 있었다.

영랑은 소월과 쌍벽을 이루는 시인으로 그의 집안은 강진의 부자였다. 넓은 생가 마당 곳곳에 핀 붉은 모란은 시인에게 어쩌면 강렬한 애국심을 유발시키는 동시에 원흉 일본에 대한 적개심과 경각심을 일깨우는 자극제가 되지 않았을까 싶다.

그는 첫 부인과 사별한 뒤 일본에 유학하면서 무용가 최승희와 사랑에 빠진 사건은 유명하다. 양가 집안에서 결혼을 반대하자 자살을 결심하기까지 했다.

그 당시 일제에 대한 핍박으로 광기어린 시가 많았던 데 비하여 영랑의 시가 무척 감상적인 것은 그의 마음이 여린 탓도 있겠지만 가슴에 사랑을 품었던 때문이 아닌가싶다. 1950년 한국동란이 발발했을 때, 서울을 벗어나지 못했던 그는 거리에서 포탄파편에 맞아 어이없이 숨진 사실이 안타깝다. 서정성이 짙은 영랑의 시는 사람의 마음을 순화시킬 만큼 맑다. 해방이 되기까지 시인은 한 번도 신사참배를 하지 않았을 만큼 조국애가 강했다. 시인의 지조에 대한 존경심을 가슴에 새기며 '강진청자박물관'에 이른다.

고려청자는 상감기법 작품으로 세계에서 인정을 받는다. 전시된 작품들은 녹청의 은은한 빛이며 몸체에 새겨진 문양과 유연한 곡선 등 누대에 걸쳐 예술적 기질의 우리 조상 손길로 빚어낸 결과물이다. 작품들을 보노라면 고려인의 마음에 서린 염원과 강인한 민족성이 읽혀진다.

조상의 숨결이 느껴지는 곳을 탐방할 적마다 우리 또한 후대를 위해 어떤 마음가짐으로 살아야 할는지가 늘 숙제로 남는다. 해가 갈수록 여행할 적마다의 감흥이 다르게 느껴진다. 젊었을 적에는 단순히 가시적可視的 현상에 머물러 깊은 생각을 하지 못했다. 나이를 먹고 보니 눈에 보이는 현상너머 사물이 지닌 내면의 모습과 더러는 장인들의 심적 상태까지도 감지되는 것 같다.

장흥군 우드랜드 탐방의 일환으로 편백(노송나무) 숲을 향해 달리는데, 멀리 미루나무 나목 끝에 얹힌 까치집이 보인다. 인간의 눈에는 허술하기 짝이 없는 둥지지만 새들의 눈높이에서 보면 훌륭한 건축물 같아 예사롭지 않다. 아무리 미물이라도 생에 대한 집착은 인간에 비해 낮게 평가할 일이 아니리라.

편백 숲을 거닐며 자연의 향기에 몸과 마음이 흠뻑 젖는다. 언제 이렇게 호젓한 산길을 걸어볼 여유가 있었던가! 문우들과 담소하며 인생에서 좋은 친구들을 만난 인연에 감사한다. 삼림욕의 효용가치를 볼 때 소나무보다 피톤치드가 더 많이 나온다는 숲도 좋았지만, 생활용품 전시장에는 장인의 손을 거친 다양한 용도의 작품들이 있었다. 건축자재에서부터 가구며 생활 전반에 걸쳐 나뭇결이 살아 있는 자연 그대로의 실용품에 매료당한다. 먼 후일 활동이 줄어들면 이런 곳에 와서 말년을 보내고 싶다는 소망 하나 가슴에 품고 발길을 돌린다.

이튿날 일행을 실은 버스는 보성 차밭을 향해 달린다. 서울은 겨울인데 이곳은 후한 기후 덕에 실바람마저 불어 마치 청명한 가을 날씨처럼 화창하다. 산과 바다와 넓은 평야가 어우러진 풍경 사이로 차가 굽이를 돌 때마다 자연은 또 다른 얼굴을 내민다. 중국여행을 할 적마다 거대한 경관에 주눅 든 적도 있었지만 아기자기한 자연이며 한국인의 훈훈한 인정이 배인 이 강산을 나는 못내 사랑하리라. 자연에 심취하여 넋을 놓은 사이에 '한국 차 박물관'에 이른다.

박물관에서 유물 관람과 차 종류에 관한 자료를 훑어본 후 삼나무가 양쪽으로 도열한 비탈길을 걷는다. 경관이 참 아름답다. 굽이치는 물결처럼 산등성 사방에 이랑을 이루고 선 차나무에는 하얀 꽃이 시든채로 붙어 있다. 냄새를 맡으니 진한 향기가 코에 스민다. 차밭 꼭대기까지 올라가면 내 마음속에 늘 잠재된 그리운 바다를 볼 수 있단다. 하지만 바다를 못 본 것은 무릎이 시어 그곳까지 올라갈 엄두가 나지 않은 세월의 무게 때문이었다.

이곳이 차밭으로써의 조건과 지형을 갖춘 곳임을 알아낸 안목의 소유자가 고맙다. 떨어지지 않는 발길을 뒤로하고 우리는 '소리문화원'을 찾았다.

명창들의 창을 들으니 우리 가락의 구성진 음률에 취해 흥이 절로 난다. 초·중·고 학생들로 구성된 명창들이 「가야금병창」과 「판소리」를 할 때, 우리는 '얼씨구·좋다·얼쑤·잘 한다' 등의 추임새를 넣으며 분위기가 한층 무르익었고, 기어이 모두 일어나서 덩실덩실 춤까지 추었다. 민속공연 한 마당 잔치의 장場이 되어 가슴속 불순물이 다 날아가는 느낌이었다.

오전 일정을 마치니 배가 출출하다. 점심은 꼬막정식을 먹는다니 기대가 된다. 식당을 가는 도중 해산물이 가득 쌓인 지잣거리를 걷는다. 가게마다 꼬막 자루가 겹겹이 쌓인 것을 보니 이곳 바다가 꼬막 서식에 알맞은 해양성 기후가 아닌가 싶다.

젊은 날, 일이 꼬이거나 삶에 대한 회의가 올 때면 나는 새벽녘 자갈치 시장을 향했다. 생존을 위해 치열하게 움직이는 사람들에게서 용기를 얻었던 시장터를 여기서도 보니 향수에 젖는다. 어느 분야에서든 최선을 다하며 열심히 사는 사람들은 항상 아름답게 보인다.

그들에게는 삶에 대한 철학이 있다. 나는 그런 분들이 존경스럽다. 처음 먹어보는 꼬막정식이 입맛에 당겨 밥 한 공기를 뚝딱 비운다.

식후 이번 여행의 테마이기도 한 『태백산맥』의 저자 '조정래 문학관' 을 탐방한다. 여러 문학관을 다녀보았지만 규모면에서는 단연 압도적이다. 제석산 기슭에 우뚝 솟은 문학관과 소설 속의 현 부잣집, 소화의 집도 서로 이웃해 지어놓았다.

문학관에 들어서면 놀랄 일이 여럿 있다. 한 작품을 200쇄까지 발행한 점, 사람 키보다 높은 원고지를 유리 진열장에 넣어 잘 보관하였는데 작가는 소설 전문全文을 육필로 썼다니, 작가의 진정성眞情性에 경의를 표하지 않을 수 없었다.

그뿐 아니라 서적 인지에 찍은 도장이 닳아서 36개를 파고, 그 도장을 진열해 두었다. 작가는 명실 공히 우리나라 문학계의 큰 별이었다.

대가大家 앞에 서니 문학인이라 이름 붙이기에는 너무나 어설픈 나 자신의 존재가 티끌만큼 작아지는 기분이었다. 이번 여행에서 느낀 점이 많지만 도시에서의 삶은 시간에 늘 끌려 다닌다. 내가 시간을 선택하는 것이 아니라 수첩 칸에 적힌 대로 시간줄에 목이 매여 허우적댄다. 자연으로부터 받은 영감이 컸었는지, 앞으로는 내가 시간을 부릴 수 있는 여유를 가져보리라는 결심을 해본 날이다.

추억을 만들고 오감五感을 충족시키는 기회였으며, 삶에 활력소가 되어 행복한 시간을 갖게 해준 '전남문인협회'에 진심으로 감사의 인사를 올린다.

『여성조선』 수상작

바다와 어머니

바다를 보면 어머니가 생각난다.

나의 기억 속에 존재하는 어머니의 영상은 항상 바다와 함께였다. 어머니는 십팔 세 꽃다운 나이에 한 살 위인 아버지와 백년가약을 맺었다. 포부가 컸던 아버지의 의지意志에 따라 부부는 삼년 만에 고향을 등지고 바다가 있는 곳에 둥지를 틀었다. 그때부터 어머니의 운명은 바다에 옭매이는 신세가 되었다.

외지로만 떠돌던 아버지, 이상과 현실의 괴리감에 정체성을 잃어버린 아버지는 우리 가족에겐 영원한 이방인이었다. 한 가정의 가장이 되어 자녀들의 양육을 책임져야 했던 여인의 삶은 가혹한 시련의 연속이었다. 장사밑천이 무일푼이었기에 택한 곳이 바다였다고, 빈손으로 가도 뭐든 건져올 수 있는 곳이 바다라고, 어머니의 말은 전설처럼 내 귓가를 맴돌았다. 겨울의 칼바람에도 어머니는 바다를 찾았다. 바닷말에 한줌 곡식을 넣어 멀겋게 끓였던 해초 죽 먹기가 죽기보다 싫었다.

나는 지금도 국을 별로 좋아하지 않는다. 국물 있는 음식을 보면 유년의 아팠던 시절을 회상하는 기억들이 강렬히 떠오르기 때문이다. 먼먼 옛날 해초를 뜯다가 파도에 휩쓸려 떠내려갔는데, 또 한 번의 거센 파도에 실려 바위로 덜컥 올려졌다는 나의 어머니. 자라면서 들었던 그 얘기는 우리 형제들의 정신을 올곧게 잡아주는 교훈이 되었다.

우리 가족에 있어 바다는 무한한 생명의 보고寶庫이면서도 고통의 바다로 인식되고 있다. 흔히들 딸은 어머니의 살아가는 모습을 닮아간다고 한다. 하지만 우리 딸들의 마음속엔 결코 어머니의 삶같이 살지 않으리라는 다짐으로 서서히 무장되어 갔다. 나는 바다가 싫었고, 바다를 영영 볼 수 없는 곳에서 살기를 고대했다.

많은 세월이 흐른 후 아버지의 존재가 서서히 잊혀져갈 때쯤 아버지는 돌아왔다. 당신의 설자리는 어디에도 없었다. 바다를 주시하는 멍한 눈빛에서 고독이 감지되곤 했다. 아버지는 파도를 바라보며 물밀듯이 밀려오는 후회가 자신을 갉아먹는 독이 되어 시름시름 앓았다. 젊은 날의 기백과 능력을 소진하고 처자를 외면했던 당신에게 힘이 되어줄 버팀목은 아무 것도 없었다.

병색이 짙은 모습에서 안됐다는 생각도 잠시, 특히 딸들에겐 이미 끊겨버린 부성애를 상쇄할 만한 정은 남아있지 않았다. 그래도 불평 없이 병간호하는, 늙고 주름진 어머니 얼굴을 보며 우리 자매들은 쓸개도 없는 여인이라 어머니를 몰아붙였다.

어머니는 "죽어가는 사람을 어찌 용서하지 않느냐" 고 우리를 달래셨다. 최대의 피해자는 어머니 자신이었다. 양반가의 막내딸로 늘 책을 읽었다던 부친과 세 명의 오빠들이 끔찍이도 아꼈던 어머니의 처녀 적 아름다운 시절은 결혼과 함께 사라져버렸다. 평생 고통을 안겨준 지아비였지만, 어머니는 정성을 다해 죽음을 맞이하게 하셨다. 우리 딸들은 울지 않았다. 아니, 눈물이 나오지 않았다.

어머니는 참으로 속이 깊은 여인이었다. 장례를 치르고 어머니는 아비 없는 호로 자식들 될 뻔 했는데, 그래도 처자 앞에 나타나 우리 손으로 무덤을 만들었으니 다행이라고 말씀하셨다. 자식들이 마치 아버지에 의해 구원이라도 받은 느낌이 들도록 말씀하신 어머니를 우리 형제들은 도무지 이해할 수 없었다.

내가 어머니와 함께 마지막으로 바다를 본 것은 아버지가 돌아가신 후 일 년쯤 뒤였다. 온가족이 태종도로 놀러갔을 때 바위에 부딪히는 물살을 무심히 바라보고 계신 어머니께 물었다. "바다를 보면 지긋지긋하지 않느냐?"고. 어머니는 옛날을 회상하시듯 눈물을 훔쳤다. "외지로 무작정 나올 때는 그래도 너희 아버지가 있어 든든했었는데…" 하며 말끝을 흐렸다. 아마도 아버지가 생각나는 것 같았다.

부부란 어떤 관계일까? 가정을 버린 남편 때문에 그렇게 모진 고통을 겪었음에도 건강하게 자란 자식들 모습에서 모든 보상을 받은 듯 어머니는 이내 웃으셨다.

어머니 얼굴이 겹쳐지던 고통의 바다가 이젠 그리움으로 다가온다. 바다가 없는 곳에서 살고 싶었던 소망은 내게서 잊혀진지 오래

되었다. 손을 뻗치면 물살이 잡힐 듯 가깝게 느껴지던, 내가 태어나고 자란 영도影島가 그리워진다. 별 탈 없이 건강을 유지하는 내 체력의 영양소는 그렇게도 하찮게 여겼던 미역과 파래 곤피다. 어머니의 탯줄을 통해 흡수한 영양소는 온통 바다였다.

국을 잘 먹지 않는 내 식성을 꼭 빼닮아 국을 안 먹는 딸을 보면 섬뜩한 생각이 든다. 모녀간의 유전적 현상 앞에 거역할 수 없는 운명이 느껴지기 때문이다. 평생을 바다와 함께 살아온 어머니 몸속의 어떤 인자가 내게 유전된 걸까! 시간이 갈수록 바다가 보이는 곳에서 말년을 보내고 싶다는 생각이 간절해진다.

아버지와 일말의 추억이 없는 성장기를 비극이라 생각했다. 이제 나이가 든 탓인가, 세월은 우리가 상실한 시간을 추억과 함께 지혜로 보답해준다는 사실을 자주 느끼는 요즘 아버지를 이해할 수도 있을 것 같은 생각이 든다.

정수리 머리가 다 빠질 만큼 이고 졌던 어머니 자신의 역경을 생각하면 어머니는 아버지를 어찌 받아들일 수 있었을까. 모든 오물도 거대한 물살로 희석시키는 바다처럼 아버지의 오점을 너그러운 마음으로 정화시킨 어머니의 마음은 바다였다.

어머니는 아버지와 함께 고향 땅에 묻히셨다. 두 분의 봉분을 바라볼 적마다 나는 어머니의 철학이 역시 옳았다는 생각이 든다. 자식들의 반대로 아버지를 받아들이지 않았더라면 완성된 모습으로 생을 마감하신 부모님을 우리 형제들은 결코 볼 수가 없었을 테니 말이다. 살아가는 과정의 모습도 중요하지만, 사후 나란히 누워계신

부모님 묘소 앞에서 자녀들은 안도감과 평안을 느끼게 된다는 사실, 어머니는 삶의 진리를 아신 현인賢人이었다. 어머니는 모든 것을 이루셨다.

바다 같은 어머니의 철학대로 살아가면 내 삶의 말년에 완성이란 생각이 들 수 있을는지.

발길에 닿은 인연
인 쇄 2014년 2월 20일
발 행 2014년 2월 27일

저 자 박 도 영
발행인 孫 光 春
인쇄처 圖書出版 修 書 院
발행처 서울특별시 성북구 삼선동1가 15-2
TEL. 765-0924~5, FAX. 765-0927
E-mail suseowon@hanmail.net
등 록 1971.12.9. No.2-282
ISBN / 978-89-6798-014-6

〈정가 12,000원〉